Fuß (Hrsg.) · Einstieg in Auslandsmärkte

FACHBUCH EXPORT-AKADEMIE
Herausgegeben von Professor Dr. Rolf Pfeiffer
Direktor der Export-Akademie Baden Württemberg

Einstieg in Auslandsmärkte

Beispiele erfolgreicher Unternehmen

Herausgegeben von
Jörg Fuß

Mit Beiträgen von
Stefan Busch, Jörg Fuß, Werner Kaz, Hans-Joachim Kreul,
Dieter Meinecke, Hermann Schaufler, Benno P. Schlipf,
Hans-Jörg Schnitzer und Dieter Zweigle

Decker & Müller
Heidelberg

CIP-Titelaufnahme der Deutschen Bibliothek

Einstieg in Auslandsmärkte: Beispiele erfolgreicher Unternehmen /
hrsg. von Jörg Fuß. Mit Beitr. von Stephan Busch . . . —
Heidelberg: Decker u. Müller, 1990
  (Fachbuch / Export-Akademie)
  ISBN 3-8226-1490-4
NE: Fuß, Jörg [Hrsg.]; Busch, Stephan [Mitverf.]

© 1990 Hüthig Verlagsgemeinschaft Decker & Müller GmbH, Heidelberg
Satz: Roman Leipe GmbH, Hagenbach
Druck: Gulde-Druck GmbH, Tübingen
ISBN 3-8226-1490-4

Geleitwort

Die Fachbücher dieser Reihe widmen sich grundsätzlichen Fragen und Problemen der Auslandsmarktforschung und des Auslandsmarketings; sie beschäftigen sich mit einzelnen regionalen Märkten und Länderanalysen, mit der Organisation und Technik des Exports und Imports, mit Projektmanagement im Ausland, mit internationalen Rechtsfragen u. a. m. Der vorliegende Band „Einstieg in Auslandsmärkte" weicht jedoch vollkommen von der üblichen Darstellung der Einstiegs- und Bearbeitungsmöglichkeiten von Auslandsmärkten ab. Hier kommen erfahrene Unternehmer und Führungskräfte des Auslandsgeschäfts aus Klein- und Mittelunternehmen zu Wort, um ihre Erfahrungen mit überseeischen Märkten weiterzugeben. Diese Erfahrungsberichte betrachte ich als eine wichtige Ergänzung der systematischen Abhandlungen dieser Buchreihe.

Die Export-Akademie Baden-Württemberg ist eine eigenständige, zentrale Einrichtung der Fachhochschule für Technik und Wirtschaft Reutlingen. Sie wurde im September 1984 von der Landesregierung Baden-Württemberg gegründet mit der Zielsetzung, vor allem kleine und mittlere Unternehmen bei Fragen und Problemen der Fort- und Weiterbildung für das Auslandsgeschäft zu beraten und zu unterstützen. Die beiden Abteilungen der Export-Akademie, nämlich das „Aufbaustudium Internationales Marketing" und „Fortbildung: Seminare für die exportierende Wirtschaft (SEFEX)", ergänzt um das „Fernlehrangebot Internationales Marketing", nehmen diese Aufgaben wahr.

Die „Unternehmensphilosophie" der Export-Akademie war von Anbeginn an, spezifische Probleme des Auslandsgeschäfts, die auch hier in dieser Buchreihe aufgegriffen werden, nur mit Unterstützung von Experten aus der Praxis zu bearbeiten. Weit über 100 solcher Experten sind daher als Lehrbeauftragte der Export-Akademie tätig.

Damit sich Techniker, Kaufleute, Juristen, Sprachler und andere Fachleute zum Thema „Auslandsgeschäft" auch außerhalb der Seminare und Lehrveranstaltungen umfassend und sachgerecht informieren, Aufgaben bearbeiten und Probleme adäquat lösen können, war es für die Dozenten der Export-Akademie nahezu selbstverständlich, die für das Auslandsgeschäft wichtigen Themenbereiche praxisnah aufzubereiten und als Buchreihe zu veröffentlichen.

Die Fachserie möchte einen Beitrag zur langfristigen Sicherung unserer Volkswirtschaft leisten, die ja in immer größerem Maße vom Auslandsgeschäft abhängt.

Reutlingen, im Mai 1990 *Prof. Dr. Rolf Pfeiffer*

Vorwort

Nach der Fertigstellung des Fachbuchs „Praxis der Auslandsmarkterkundung" wäre es naheliegend gewesen, eine „Praxis der Auslandsmarkterschließung" folgen zu lassen, also eine ebenso praxisnahe und systematische Einführung in die vielfältigen Möglichkeiten und das umfangreiche Instrumentarium der Auslandsmarkterschließung, wie dies im erstgenannten Buch auf dem Gebiet der Auslandsmarktforschung erfolgreich verwirklicht worden war. Da aber der Eintritt in ausländische Märkte eine so große Fülle von Alternativen bietet, daß diese in der für den Leser nötigen Tiefe nicht in einem Buch üblichen Umfangs darstellbar sind, war von vornherein klar, daß das Thema in die einzelnen Bereiche wie z. B. Vertreterfrage, Auslandsmessen, Lizenzvergabe oder Joint Ventures aufgespalten gehört.

Daneben stand von Anfang an die Frage im Raum: Wie haben es denn nun die erfolgreichen Unternehmen tatsächlich gemacht? Wie kommt es denn, daß Nivea in der ganzen Welt einen Bekanntheitsgrad von nahezu 100 % hat und daß ein schwäbischer Handwerksbetrieb in Quatar Fußballstadien überdacht? Läßt sich denn aus den Erfahrungen dieser Unternehmen, deren Kreativität und Risikobereitschaft, aber auch der gemachten Fehler nicht genauso viel lernen wie aus einer systematischen Darstellung der vielen Möglichkeiten des Auslandseinstiegs? Mittelständische Unternehmen informieren sich nach einer jüngsten Untersuchung zu über 70 % durch persönliche Kommunikation, warum also nicht individuelle Erfahrungen über ein Buch einer großen Zahl von Interessenten zugänglich machen?

So kam es, daß dieses Buch etwas von der Zielrichtung der Fachbuchreihe, nämlich praxisnahe Systematik für das Tagesgeschäft zu bieten, abweicht. Es war die Idee, diejenigen zu Wort kommen zu lassen, die den Einstieg in das Auslandsgeschäft in jüngster Zeit erfolgreich vollzogen haben. Das Ziel war eine bunte Mischung aus modellhaften Strategien und hemdsärmeligem Vorgehen, vom Kleinbetrieb bis zum Großkonzern, die Gegenüberstellung von „low interest products" und Großanlagenbau. Die Unterschiede in den verschiedenen Märkten von Südamerika bis Japan sollten genauso deutlich werden wie die Spezifika der verschiedenen Markteintrittsstrategien, vom Standardeinstieg über Messen und Vertretersuche bis zur Lizenzvergabe oder der Vorbereitung durch die Ausbildung von Lehrlingen.

Den Autoren sei besonders dafür gedankt, daß sie trotz des enormen persönlichen Einsatzes, den ein florierendes Auslandsgeschäft abverlangt, die

Zeit gefunden haben, am Abend, an Wochenenden oder in den Wartehallen der Flughäfen an ihren Beiträgen zu arbeiten und sie termingerecht fertigzustellen. Dieser Mühe lag bei allen Beteiligten die Motivation zugrunde, die langjährige Erfahrung anderen zugute kommen zu lassen. Jeder im Auslandsgeschäft Tätige weiß, wie wichtig und hilfreich die Ratschläge anderer Firmenmitarbeiter im Ausland sein können, die an einer Hotelbar in Moskau genauso weitergegeben werden wie auf einer Messe in Beijing oder im Flugzeug zwischen Rio und Frankfurt, wo man zufällig nebeneinander saß.

Einschlägige Erfahrungen beim Erschließen von Auslandsmärkten möglichst vielen Interessenten zugänglich zu machen ist die Absicht dieses Buches. Es ist kein Nachschlagwerk und kein Rezeptbuch, kein Lehrbuch und schon gar keine wissenschaftliche Abhandlung. Die Bedeutung unternehmens- und produktspezifischer Faktoren zu betonen und möglichst wenig zu abstrahieren, war beabsichtigt, um nicht den Verlust wesentlicher Zusammenhänge zu riskieren.

Insofern wird dem Leser die Fähigkeit abverlangt, branchenfremde und mitunter sehr spezifische Erfahrungen auf sein eigenes Tätigkeitsfeld zu übertragen, die dargestellten Ideen in geeigneter Weise für sich zu modifizieren und die Fehler, die von anderen z. B. in China gemacht wurden, auch entsprechend angepaßt in Saudi-Arabien oder Mexiko einzukalkulieren.

Die vorgestellten Erfahrungsberichte machen deutlich, daß es unabhängig von der Unternehmensgröße und der Produktart wesentlich ist, das Auslandsgeschäft nicht planlos und halbherzig zu betreiben. Allen dargestellten Erfolgen liegt ausdauernde Systematik und großes persönliches Engagement der Beteiligten zugrunde. Der Leser möge sich von den Beiträgen inspirieren und motivieren lassen, den Schritt ins Ausland zu wagen bzw. sein laufendes Auslandsgeschäft neu zu überdenken und zu verbessern. Dabei wünschen ihm die Autoren viel Glück und Erfolg.

Reutlingen, im Mai 1990　　　　　　　　　　　　　　*Prof. Dr. Jörg Fuß*

Inhaltsverzeichnis

Geleitwort V
Vorwort VII

Indien — ein Markt mit Zukunft?
Die Strategie der HERION-WERKE KG in Südwestasien
Werner Kaz 1

NIVEA Creme auf den Philippinen
Aufbau einer Lizenzproduktion der BEIERSDORF AG
Stefan Busch 9

Ein Kleinbetrieb erschließt Thailand
Die maßgeschneiderte Strategie der FRIEDRICH KOLB GmbH
Hans-Jörg Schnitzer 21

Für die Zukunft getrimmt — von Schwaben in fünf Kontinente
WANDEL & GOLTERMANN in Brasilien
Hermann Schaufler 27

Spinnereien als Hauptzielgruppe
ZWEIGLE-Textilprüfgeräte sind in Indien Qualitätsgaranten
Dieter Zweigle 47

Flexibilität als Schlüssel zum chinesischen Markt
Eine Produktionskooperation des INSTITUT DR. FÖRSTER
Jörg Fuß 57

Mit Ausdauer und Fleiß zum Auslandserfolg
Die ersten Schritte im Auslandsgeschäft der BURK HAUSTECHNIK
Jörg Fuß 75

Mit Holzblasinstrumenten ins Japangeschäft
KREUL FEINE HOLZBLASINSTRUMENTE wird international
Hans-Joachim Kreul 89

Erprobte Verkaufsförderung im Ausland
Wie BIZERBA internationale Erfolge programmiert
Benno P. Schlipf 101

Management by Konfuzius
Aus den Erfahrungen der DÜRR GmbH in China
Dieter Meinecke 113

Eine Phantasiemarke erobert den Weltmarkt
UHU im fünften Kontinent
Jörg Fuß 125

Autorenverzeichnis 135

Indien — ein Markt mit Zukunft?
Die Strategie der HERION-WERKE KG in Südwestasien

von Werner Kaz

1 Das Unternehmen
2 Die HERION-Ziele in Indien
3 Warum ein Joint-Venture?

1 Das Unternehmen

HERION ist ein selbständiges Familien-Unternehmen. Mit 14 in- und ausländischen Beteiligungsgesellschaften sowie Repräsentanten in allen wichtigen Industrieländern der Erde gehört die HERION-Gruppe in der Welt der Steuerungstechnologie zu den führenden Unternehmen.

Die Muttergesellschaft HERION-WERKE KG hat ihren Hauptsitz in Fellbach bei Stuttgart. Sie ist 1938 von Erich Herion sen. gegründet worden. 1990 wird ein Umsatz von rund 250 Mio. DM erwartet.

Das Unternehmen stellt in 4 Werken mit rund 1500 Mitarbeitern, davon 100 Auszubildende, fluidische sowie fluidisch-elektronische Steuerungsgeräte und Regeleinrichtungen für nahezu alle Branchen her.

Das Tätigkeitsprogramm umfaßt die Entwicklung, Fertigung und den Vertrieb von Geräten sowie von kompletten Anlagen und Systemen zum Messen, Steuern, Regeln von mechanischen, physikalischen, thermischen und chemischen Abläufen und Vorgängen.

Das breite Verkaufsprogramm beinhaltet neben rund 20000 in Preislisten angebotenen Standarderzeugnissen eine Vielzahl von Varianten und Sonderausführungen. Es ist gegliedert in die Technologielinien Automatik, Pneumatik, Hydraulik, Druck- und Temperaturtechnik sowie Elektrik/Elektronik.

Kennzeichnend für das Unternehmen sind:
— eine vorausplanende bewegliche und engagierte Unternehmenspolitik
— eine motivierte und innovationsfreudige Mannschaft
— Führung durch Zielvereinbarungen, die Raum lassen für Eigeninitiative
— offene Information und hoher Stellenwert der Aus- und Weiterbildung

— Leistungsdenken und Leistungsanerkennung als Basis für hohes technisches Niveau.

Die HERION-Gruppe führt in ihrer Branche durch ein breites Wissensspektrum und durch ihr technisch-wirtschaftliches Problemlösungspotential mit rund 600 erteilten in- und ausländischen Schutzrechten.

Zur Zeit wird das größte Investitionsprogramm in der Geschichte des Unternehmens realisiert. Das Unternehmen befindet sich in einer hoch innovativen Phase. Grundsatzentscheidungen zu strukturellen Veränderungen wurden getroffen. Ziel ist eine strategische Ausrichtung auf Zukunftsmärkte und eine weltweite Festigung der unternehmerischen Positionen.

Das HERION Lizenz-Programm in der Hydraulik

2 Die HERION-Ziele in Indien

Die weltweite Vermarktung eines Produkts ist das Ziel der Vertriebspolitik eines exportorientierten Unternehmens.

Dieses Ziel zu erreichen wird dort schwierig, wo durch staatliche Wirtschaftspolitik der Handelsverkehr kontrolliert wird. Importbeschränkungen, Devisenbewirtschaftung und hohe Zollasten erschweren die Bearbeitung eines Marktes, und über den üblichen Exportweg der Lieferung von Waren stellt sich nicht der erhoffte Erfolg ein.

Wie trotz dieser Erschwernisse ein Markt erschlossen werden kann, soll am Beispiel Indiens dargestellt werden.

Der Import von Waren muß grundsätzlich über die indische Regierung, d. h. die Bank of India genehmigt werden. Werden gleichwertige Produkte im Land selbst hergestellt, besteht wenig Aussicht, eine Importgenehmigung zu erhalten. Darüber hinaus gibt es eine „Black List" über Produkte, die nicht nach Indien exportiert werden dürfen.

Auf der einen Seite ist die indische Regierung bemüht, Handelshemmnisse abzubauen, auf der anderen Seite sind die Zollasten derart hoch, daß es nahezu aussichtslos ist, mit indischen Herstellern zu konkurrieren. Es besteht nur dort eine Chance, wo ausgesprochene Spezialitäten angeboten werden können, Produkte also, die in der entsprechenden Qualität und Ausführung in Indien noch nicht zur Verfügung stehen.

Als weiterer Punkt muß hinzugefügt weden, da nur der OEM (Original Equipment Manufacturer) eine Importlizenz beantragen kann. Das bedeutet, daß zum Beispiel ein indischer Vertreter selbst keine Waren einführen darf. Der indische Vertreter kann also nicht Waren oder Ersatzteile zum Weiterverkauf auf Lager legen. Er hat somit nur eine beratende und dadurch verkaufsunterstützende Funktion.

Unter diesen Aspekten muß man den indischen Markt betrachten. Ausschlaggebend ist natürlich immer das Produkt, und es ergeben sich eben dort die besten Chancen, wo es zur wirtschaftlichen Entwicklung des Landes beiträgt und vor allen Dingen, wo es mit Produkten in Verbindung gebracht werden kann, die von Indien aus exportiert werden.

Indien galt lange Zeit als „weißer Fleck" in der Marktpolitik der HERION-Werke. Seit über zwei Jahrzehnten liefert HERION Produkte nach Indien. Es handelt sich hier um Sonderausführungen, entwickelt aus dem Standardprogramm, maßgeschneidert nach Kundenwünschen und Anwendung für den indischen Markt, speziell für die Düngemittelherstellung sowie für die chemische und petrochemische Industrie.

Gemessen an dem großen Potential in Indien und den vielseitigen Anwendungsmöglichkeiten der Produkte von HERION waren diese Umsätze nicht zufriedenstellend.

Fest stand, daß der Markt für Spezialausführungen begrenzt ist, und die interessanten Stückzahlen und Umsätze im Bereich der Standardprodukte liegen müssen.

So ist es zunächst wichtig, Näheres über den Markt und die Infrastruktur des Landes zu wissen. Informationen hierzu kann die Deutsch-Indische Handelskammer geben. Es empfiehlt sich grundsätzlich, sich an diese Kammer zu wenden, die deutsche Firmen sehr hilfreich unterstützt, das Entrée in den indischen Markt erleichtert und insbesondere auch beratend zur Verfügung steht. Weitere Informationen sind zu erhalten über Veranstaltungen, wie sie innerhalb der Industrie- und Handelskammer durchgeführt werden oder über die zuständigen Verbände.

3 Warum ein Joint-Venture?

Von der Tatsache ausgehend, daß Marktchancen in Indien bestehen, muß über die Art der künftigen Marktbearbeitung grundsätzlich entschieden werden.

Es gibt drei Möglichkeiten:
1. Ernennung eines indischen Vertreters
2. Lizenzfertigung
3. Gründung eines Joint Ventures.

Zu Punkt 1 — Vertretung in Indien

Wie bereits erwähnt, hat eine indische Vertretung nicht die Möglichkeiten, die wir voraussetzen müßten, die Umsätze zu steigern.

Zu Punkt 2 — Lizenzfertigung

HERION hat ein breites Leistungsspektrum modernster Technologie; somit bestehen die besten Voraussetzungen, marktgerechte Produkte für eine Lizenzfertigung anbieten zu können.

Unsere beste Chance sahen wir in der Vergabe unseres Know-how.

Wir waren uns über die Vor- und Nachteile eines Lizenzabkommens im klaren:

Vorteile

Bezahlung der Know-how-Gebühren innerhalb kurzer Zeit. Wirtschaftliches und politisches Risiko sind nahezu ausgeschlossen.

Nachteile

Relativ kurze Vertragsdauer — im Regelfall ca. 8 Jahre. Geringe Einflußnahme auf Produktion und Vermarktung.

Zu Punkt 3 — Joint Venture

Das Joint Venture ist die höchste und schwierigste Stufe internationaler Kooperation. Hier müssen sehr sorgfältige Überlegungen angestellt werden, besonders auch im Hinblick auf die erforderliche Kapital-Investition und die sich daraus ergebenden Risiken.

Der Vorteil liegt darin, daß man Einfluß auf Produktion, Management und Vermarktung hat. Dies sind ganz wesentliche Faktoren, die bei einer Lizenzvergabe nur bedingt gegeben sind.

Unabhängig davon, welche Art der drei genannten Möglichkeiten angewendet wird, ist der wichtigste Punkt die richtige Partnerwahl.

Wir hatten über 40 Adressen von indischen Unternehmen, die an einer Kooperation mit uns interessiert waren. Diese Adressen hatten wir über Messen, Publikationen, Besuche in unserem Haus und Direktanfragen von indischen Firmen erhalten.

Nach eingehender Prüfung dieser Adressen blieben zunächst 12 Adressen übrig, die für uns interessant waren.

Grundsätzlich kann die Wahl eines Partners nur vor Ort getroffen werden. Diese 12 Unternehmen wurden, unabhängig von der geographischen Lage, in Indien besucht.

Von unserem indischen Partner hatten wir folgende Vorstellung:
— mindestens in der Größe eines mittelständischen Unternehmens
— modernes Management
— ausreichendes Vertriebsnetz über ganz Indien
— gute Beziehungen zu den staatlichen Organisationen
— Branchenkenntnisse
— moderne Produktionseinrichtungen.

Von den 12 genannten Unternehmen entsprach keines diesen Vorstellungen. Es handelte sich meist um kleine Betriebe, zum Teil in der Branche tätig, aber mit wenig Einfluß auf den Markt.

Zahlreiche Unternehmen wollen, ganz unabhängig von ihrem bisherigen Fertigungsprogramm, neue Produkte mit aufnehmen. Diese Firmen sind nicht uninteressant, aber für Schulung und Ausbildung zur Vermittlung entsprechender Branchenkenntnisse wäre ein erheblicher Aufwand notwendig.

Kein Unternehmen konnte eine Aussage machen über das Marktvolumen eines unserer Produkte, oder welches Produkt in Lizenz gefertigt werden sollte.

Überraschend war jedoch, daß man hinsichtlich der Höhe der Lizenzgebühren, wie von der Regierung festgelegt, gut informiert war. Entsprechend dem Technologiestand beträgt der Prozentsatz für Royalties zwischen 3—5 % des Nettoverkaufspreises. Bei einem „Lumpsum"-Abkommen kann mit Lizenzgebühren in Höhe von 7 % auf den zu erwartenden Verkauf während der Vertragsdauer gerechnet werden.

Der Lizenzerlös ist also relativ gering im Gegensatz zur Leistung, die erbracht werden muß in punkto Dokumentation, Ausbildung, Reisekosten usw.

Nach sehr sorgfältiger Abwägung aller Vor- und Nachteile kamen wir zu der Entscheidung, daß eine ausreichende Marktpräsenz in Indien nur über ein Joint-Venture-Abkommen zu erreichen ist. Aus der Sicht eines mittelständischen Unternehmens birgt die Gründung eines Joint Ventures eine ganze Reihe von Problemen.

Von der Kapitaleinlage einmal abgesehen, bedeutet dies einen ganz erheblichen personellen Einsatz vor Ort: es müssen Personen freigestellt werden, die nicht nur im Bereich der Fertigung, sondern auch im Marketing vor Ort tätig sein sollten.

Weiterhin ist auch die Schulung und Ausbildung der indischen Spezialisten in den Werken des deutschen Partners ein großer personeller Aufwand. Man muß davon ausgehen, daß die Schulung in englischer Sprache zu erfolgen hat und somit Dolmetscher für das Projekt mit herangezogen werden müssen.

Es sollte auch überlegt werden, ob nur für den indischen Markt produziert werden soll. Niedrige Lohnkosten und daraus resultierende günstige Fertigungskosten bieten die Chance für den Export der Produkte.

Die indische Regierung ist sehr daran interessiert, daß bei der Gründung derartiger Gemeinschaftsunternehmen ein bestimmter Prozentsatz exportiert wird. Zusagen an den indischen Partner in dieser Richtung erleichtern das sehr schwierige, umfangreiche und vor allen Dingen langwierige Genehmigungsverfahren.

Bei der Gründung eines Joint Ventures spielt natürlich die Standortfrage hinsichtlich Klima, Infrastruktur, Flug- und Verkehrsverbindungen eine ausschlaggebende Rolle.

Die Suche nach einem geeigneten Partner ist wirklich sehr schwierig und es empfiehlt sich auf alle Fälle, sich mit der Indo-German Chamber of Commerce in Verbindung zu setzen. Die Kammer ist bei der Suche nach einem Partner sehr hilfreich.

Nach drei Jahren intensiver Bemühungen, verbunden mit mehreren Reisen nach Indien und zahlreichen Gespächen, haben wir jetzt einen Partner gefunden, der unseren Vorstellungen entspricht.

Ein Teil unseres Produktprogramms — nämlich die Hydraulik — paßt hervorragend als Ergänzung zu der bereits bestehenden Produktpalette unseres Partners.

Umfangreiche Marktuntersuchungen wurden angestellt, auch unter Mitwirkung unserer Marketing-Spezialisten, um ein entsprechendes Typenprogramm für die Fertigung in Indien aufzustellen.

Die Produktpalette als Basis für die vertraglichen Verhandlungen war somit geschaffen. Die vertragliche Regelung umfaßt drei Verträge:

a) ein Abkommen über die technische Zusammenarbeit
   (Lizenzabkommen).
b) ein Joint-Venture-Abkommen
c) einen Händler-Vertrag.

Da nach der indischen Gesetzgebung das Know-how nicht direkt kapitalisiert werden kann, wurde ein separates Lizenzabkommen abgeschlossen. Die Bedingungen und die Gestaltung des Lizenzabkommens sind von der indischen Regierung vorgegeben. Es besteht trotzdem die Möglichkeit, über einzelne Punkte zu verhandeln, doch müssen sie im Endeffekt im Rahmen der vorgegebenen Bedingungen liegen. Da sämtliche Verträge durch die indische Regierung genehmigt werden, wird sehr darauf geachtet, ob bereits die gleichen Produkte im Land hergestellt werden. Sollte dies der Fall sein, so ist zu beweisen, daß die zu transferierende Technologie in puncto hohem technischen Stand, hoher Qualität und Exportfähigkeit dem seitherigen Produkt überlegen ist.

Die Lizenzgebühren werden unabhängig vom Joint-Venture-Vertrag direkt an den Lizenzgeber ausbezahlt.

Wie bereits eingangs erwähnt, gehören Joint-Venture-Abkommen zu den schwierigsten Kooperationsformen. Schwierig ist vor allen Dingen die Bewertung der Grundstücke, Gebäude und Einrichtungen.

Es ist also unbedingt notwendig, daß entsprechende Bilanzen vorgelegt werden, und es empfiehlt sich, diese vor Ort von einem neutralen Gutachter beurteilen zu lassen.

Es gibt zwei Arten von Beteiligungen: Einmal die Privat Company und zum anderen die Public Company.

Der Kapitalanteil, unabhängig von der Gesellschaftsform, soll nicht mehr als 40 % betragen.

HERION hat eine Public Company gegründet mit einem Kapitalanteil von 40 %.

Der Vorteil in unserem Falle ist, daß wir uns in ein bereits bestehendes und produzierendes Unternehmen eingekauft haben, und somit die lange Anlaufzeit für die Erstellung der Gebäude, Einrichtungen usw. entfällt.

Für die Führung und Kontrolle des Unternehmens ist der Board of Directors verantwortlich. Trotz der Minderheits-Beteiligung von 40 % ist es vertraglich möglich, daß die deutsche Seite die gleiche Anzahl der Mitglieder innerhalb des Aufsichtsrates stellt.

Es kann vertraglich vereinbart werden, daß wichtige Entscheidungen nur mit einer ¾-Mehrheit der Direktoren getroffen werden dürfen.

Aus heutiger Sicht können wir sagen, daß wir eine richtige und für unsere Marktpolitik sehr wichtige Entscheidung getroffen haben. Wir haben eine durchaus angenehme und erfolgreiche Zusammenarbeit mit unserem indischen Partner.

Indien dürfte sich in absehbarer Zeit zu einem der interessantesten Märkte entwickeln. Hohe Wachstumsraten und zunehmende Industrialisierung sind die besten Beweise dafür. Es ist zu hoffen, daß die politische Situation stabil bleibt und somit der Markt von morgen gegeben ist.

NIVEA Creme auf den Philippinen
Aufbau einer Lizenzproduktion der BEIERSDORF AG

von Stefan Busch

1 Das Unternehmen
2 Das Produkt
3 Ausgangssituation
3.1 Vorbemerkung
3.2 Marktanalyse
3.3 Auswahl der Vertriebsform
4 Maßnahmen zur Realisierung
4.1 Auswahl des Lizenzpartners
4.2 Verträge/Vereinbarungen
5 Vorbereitung der Markteinführung
5.1 Marketing
5.1.1 Produkt
5.1.2 Preis
5.1.3 Distribution
5.1.4 Kommunikation
6 Vorbereitungen zur Produktionsaufnahme
6.1 Verpackungsmaterial
6.2 Produktionsvorbereitung
7 Ergebnis

1 Das Unternehmen

Die Beiersdorf AG, Hamburg, ist ein Unternehmen der Chemiebranche mit einer mehr als 100jährigen Tradition. Ursprünglich aus einer Apotheke hervorgegangen, erreichte das Unternehmen durch eine Reihe bahnbrechender Erfindungen (u. a. des ersten medizinischen Pflasters und der ersten stabilen Öl-in-Wasser-Emulsion, dem Vorläufer der heutigen NIVEA-Creme) sehr schnell Weltgeltung.

Die Beiersdorf AG ist sowohl Hersteller als auch Vermarkter von Markenartikeln, eine Strategie, die sich in den letzten Jahrzehnten bewährt hat.

Heute ist das Unternehmen mit 42 Tochtergesellschaften, mehr als 70 Lizenznehmern und weltweiten Exporten international vertreten.

Im Jahre 1989 erwirtschaftete die Beiersdorf AG mit etwa 18 000 Mitarbeitern im In- und Ausland einen Jahresumsatz von gut 4 Milliarden DM, davon rund 60 % im Ausland.

Mit seinen vier Sparten cosmed, tesa, medical und pharma und den damit verbundenen Marken wie NIVEA, 8 × 4, atrix, Labello, tesa, Hansaplast, Leukoplast, ABC, Novodigal oder Larylin ist die Beiersdorf AG ein international renommiertes Unternehmen, vielerorts Marktführer.

2 Das Produkt

NIVEA ist heute die größte Körperpflegemarke der Welt und praktisch in allen Ländern der Welt vertreten.

Nach wie vor Kern der Marke ist die Creme in der blauen Dose, der mittlerweile etliche erfolgreiche line extensions gefolgt sind. Inzwischen ist die NIVEA Creme jedoch eine Wasser-in-Öl-Emulsion, mit dem Versprechen, der Haut noch länger das zu geben, was sie braucht: Feuchtigkeit. NIVEA Creme ist eine Allzweckcreme für jeden Hauttyp und jeden Verbraucher, also ein typisches Produkt für den Markt der Massenkonsumgüter.

Ständige Optimierungen sorgen dafür, daß diese Marke, die seit 1912 auf dem Markt ist, dem neuesten Forschungsstand angepaßt werden kann.

Positioniert ist sie als schützende und pflegende Universalcreme für die ganze Familie, mittelpreisig und bietet als typischer Markenartikel „good value for money".

3 Ausgangssituation

3.1 Vorbemerkung

Die großen Erfolge in vielen Ländern der Welt hatten gezeigt, daß NIVEA Creme — obwohl ursprünglich für den deutschen Markt konzipiert — international eine beachtliche Verwenderschaft fand. Das Potential für eine Hautcreme, die universell anzuwenden, für jeden Hauttyp und Verbraucher geeignet ist und bei gleichbleibend hoher Qualität mittelpreisig angeboten wird, war bei weitem noch nicht ausgeschöpft.

Und so begann die Beiersdorf AG in den 70er Jahren, für ihre Hauptmarke NIVEA die letzten Weltmarktlücken zu schließen.

Der asiatische Wirtschaftsraum, dessen positive Entwicklung sich deutlich abzeichnete, war bis zum Ende der 70er Jahre in der Umsatzstatistik der Beiersdorf AG unterproportional vertreten, obgleich bereits seit 1972 in Japan ein Joint Venture bestand. Zunächst hatte sich die Beiersdorf AG auf die intensivere Bearbeitung der räumlich näherliegenden Märkte beschränkt, weil sowohl personelle und finanzielle Ressourcen ökonomisch eingesetzt werden sollten, als auch der damalige ungünstige Wechselkurs des US $ in den von ihm abhängigen Ländern Investitionen sehr kostspielig machte.

Mit dem Aufblühen des Wirtschaftswachstums in den asiatischen Märkten wurden schließlich mehrere Aktivitäten in Angriff genommen mit dem Ziel, zunächst NIVEA Creme in den jeweiligen Ländern zu etablieren, und zu einem späteren Zeitpunkt das Sortiment zu erweitern.

Am Beispiel der Philippinen soll dieses Vorgehen anhand der Aufnahme einer Lizenzfertigung näher beschrieben werden.

3.2 Marktanalyse

An erster Stelle stand zunächst eine umfassende Länder- und Marktanalyse, die Ende 1978/Anfang 1979 durchgeführt wurde.

Zum damaligen Zeitpunkt gab es NIVEA Creme noch nicht auf den Philippinen; die Markenrechte waren jedoch bereits für die Beiersdorf AG registriert.

Die Inselgruppe hatte damals auf einer Gesamtfläche von 300 000 km^2 42 Mio. Einwohner bei einer jährlichen Zuwachsrate von 3 %. Das Einkommen per capita war im Vergleich zu anderen asiatischen Ländern nicht sehr hoch.

Jedoch ergab ein Split nach Einkommensgruppen, daß etwa 10 Mio. Menschen als potentielle NIVEA Creme-Verbraucher anzusehen waren.

Insgesamt stellte sich die wirtschaftliche und politische Gesamtsituation weniger positiv als bei den asiatischen Nachbarn dar. Eine Besserung der Gesamtlage und eine Einbindung der Philippinen in die Prosperität der gesamten asiatischen Region schienen jedoch aufgrund von vereinzelten Demokratisierungsbestrebungen und Liberalisierungsbemühungen innerhalb der Wirtschaft in Sicht.

Daher lohnte es sich durchaus, den Markt für Körperpflegeprodukte etwas genauer anzusehen.

Hierbei ergab sich, daß der Markt für Festcremes ca. 9,8 Mio DM bei einer jährlichen Steigerungsrate von 15 % ausmachte, ein nicht sehr großes, doch in absehbarer Zeit sicherlich interessantes Volumen — insbesondere im Hinblick auf das Potential.

Zugleich stellte sich bei der Analyse heraus, daß der Markt von sog. Cold Creams dominiert wurde und damit kein auch nur annähernd mit NIVEA Creme vergleichbares Produkt auf den Philippinen zu finden war — mithin eine echte Marktlücke.

Hinzu kam, daß der Markt quasi-monopolistisch strukturiert war mit *Pond's Gesichtscreme* als unbestrittenem Marktführer und nur geringem internationalem Wettbewerb. Internationale Produkte wurden jedoch von seiten der Verbraucher eindeutig den lokalen Marken vorgezogen — ein weiteres Argument für die Einführung von NIVEA Creme.

Etwa 50 % des Marktvolumens war auf Manila konzentriert.

Das lag zum ersten daran, daß das Einkommen der urbanen Bevölkerung höher war als das der ruralen, zum zweiten, daß die Masse der Supermärkte auf die Hauptstadt konzentriert und zum dritten, daß die Mediendichte dort am höchsten war.

Diese Umstände würden in einer Einführungsphase sowohl Medienkosten verringern als auch die Distribution deutlich erleichtern.

Somit waren die Markteintrittsvoraussetzungen für NIVEA Creme von der gesamtwirtschaftlichen Lage her zwar nicht gerade ideal, vom Marktvolumen und -potential sowie von der Wettbewerbssituation her jedoch durchaus positiv.

Die Entscheidung fiel also zugunsten einer Einführung, jedoch unter der Prämisse, daß es gelänge, das gesamtwirtschaftliche Risiko zu minimieren.

3.3 Auswahl der Vertriebsform

Die Zölle für Körperpflegeprodukte waren prohibitiv hoch (100 % auf 200 % CIF; d. h. 1 DM FOB = 4,30 DM landed cost!). Damit schied die Möglichkeit eines Exports von Fertigware von vornherein aus.

Da sowohl das (noch) geringe Marktvolumen und die hohen Finanzierungskosten auf den Philippinen sowie die politische Lage des Landes auch die Gründung einer eigenen Tochtergesellschaft ausschlossen, verblieb als Lösung die Lizenzproduktion.

Für diese Lizenzproduktion mußte ein geeigneter Partner gefunden werden.

4 Maßnahmen zur Realisierung

4.1 Auswahl des Lizenzpartners

Zu diesem Zweck fand eine Auswahl vor Ort statt durch den für den asiatischen Raum verantwortlichen kaufmännischen und technischen Regionalstab der Beiersdorf AG.

In der Vergangenheit waren bereits verschiedene lokale Unternehmen an Beiersdorf herangetreten mit dem Wunsch, NIVEA Creme auf den Philippinen zu vermarkten. Mit diesen Unternehmen wurde nun zunächst Kontakt aufgenommen. Ziel war es, einen wirtschaftlich potenten und bereits gut etablierten Partner für den Aufbau eines langfristigen Geschäfts zu finden, der folgende Voraussetzungen erfüllen sollte:

— einwandfreie Bonität
— Markenartikel Know-how und nachweisbare Erfolge auf diesem Gebiet
— ausreichende Distributionsabdeckung im Food-Kanal (besonders wichtig und aufwendig bei der Inselstruktur der Philippinen)
— die notwendigen technischen, hygienischen Voraussetzungen für die Produktion von NIVEA Creme im Rahmen der von der Beiersdorf AG festgesetzten hohen Qualitätsstandards
— keine Vermarktung von unmittelbaren Wettbewerbsprodukten, um einen möglichen Interessenkonflikt zu vermeiden

Einen Partner zu finden, der alles das mitbrachte, erwies sich als außerordentlich schwierig. Entweder waren die besuchten Unternehmen mehr oder weniger reine Hersteller, oder aber reine Distributeure; auch die „Wettbewerbsklausel" war problematisch.

Mittlerweile wurde jedoch eine einmalige Verkaufssteuer von 50 % beim ersten Verkaufsakt auf alle Kosmetika erhoben.

Um nun diese Steuer nicht auf das fertige Produkt einschließlich Distributions-, Werbe- und Lizenzkosten zahlen zu müssen, sollten Produktion und Distribution durch voneinander getrennte Firmen erfolgen; d. h. die Verkaufssteuer würde nur beim Verkauf der Produkte zwischen Hersteller und Distributeur erhoben.

Die Wahl fiel schließlich auf ein philippinisch/schweizerisches Unternehmen für die Distribution und das Marketing sowie auf einen Produktionsbetrieb in amerikanischem Besitz, der die Herstellung und die Abfüllung von NIVEA Creme in Lohnarbeit übernehmen sollte.

4.2 Verträge/Vereinbarungen

Der nächste Schritt war ein Vertragsabschluß zwischen dem Distributeur und der Beiersdorf AG.

Der von der Beiersdorf AG vorgeschlagene Vertrag konnte ohne wesentliche Veränderungen zum Abschluß kommen.

Basis wurde ein Exklusivvertrag zwischen Distributeur und Beiersdorf AG, worin dem Distributeur die alleinigen Rechte an der Vermarktung von NIVEA Creme auf den Philippinen zugesichert wurden.

Die Beiersdorf AG stellte sämtliche für die Herstellung und die Vermarktung von NIVEA Creme erforderlichen Kenntnisse gegen eine Lizenzgebühr bereit.

Die „Wettbewerbsklausel" wurde Vertragsbestandteil, ebenso eine Geheimhaltungsklausel bezüglich allem transferierten Know-how. Die staatlicherseits genehmigte Vertragsdauer umfaßte maximal 5 Jahre. Da jedoch die Beiersdorf AG als Markenartikler nicht an der „schnellen Mark" interessiert war, sondern am systematischen Aufbau eines langfristigen, erfolgreichen Geschäftes, war diese Zeitspanne zu kurz. Aus diesem Grunde wurde ein Zusatzabkommen über eine Vertragsverlängerung nach Ablauf dieser Frist abgeschlossen.

Weiterhin wurde ein Split des notwendigen Werbeetats zwischen beiden Vertragspartnern unter Anrechnung der Lizenzabgaben der ersten Jahre vereinbart.

Alle zur Herstellung von NIVEA Creme erforderlichen Rohstoffe sollten nach den Spezifikationen der Beiersdorf AG vom Distributeur beschafft und an den Lohnhersteller weitergeliefert werden.

Damit bekam zwar der Distributeur eine herausragende Stellung innerhalb des Gesamtprojektes, es ergab sich für die Beiersdorf AG jedoch der Vorteil, auf den Philippinen nur einen Vertrags- und Ansprechpartner mit allen sich daraus ergebenden rechtlichen Konsequenzen zu haben.

Zwischen dem Distributeur und dem Lohnhersteller wurde ein landesüblicher Kooperationsvertrag nach Vorgabe der Beiersdorf AG abgeschlossen mit besonderer Wertlegung auf

— Geheimhaltungsabkommen
— „Exclusive Usage Agreement", d. h. dem Lohnhersteller war nur gestattet, evtl. von seiten des Lizenzgebers zur Verfügung gestellte Ausrüstung ausschließlich zur Herstellung von NIVEA Creme zu nutzen
— Pflicht zur Einhaltung der Spezifikationen für Produktionsprozeß, Produkt und Qualität
— Pflicht, jederzeit Beiersdorf-Fachpersonal Zutritt zur Produktion zum Zwecke der Qualitätskontrolle zu gestatten
— in bestimmten regelmäßigen Abständen Muster der laufenden Produktion zur Qualitätskontrolle nach Deutschland zu übersenden.

5 Vorbereitung der Markteinführung

5.1 Marketing

Nach erfolgreichem Abschluß dieser vorbereitenden Aktivitäten konnte ein gezieltes Timing vorgenommen werden.

Der erste Schritt war ein umfangreicher Produkt-Marketing-Plan, der alle Marketingaufwendungen für die nächsten 3 Jahre beinhaltete und einen break-even-point nach 3 Jahren annahm.

Ein bereits durchgeführter Verbrauchertest ergab eine gute Akzeptanz der NIVEA Creme in der bekannten blauen Aluminiumdose.

5.1.1 Produkt

Die Formel der NIVEA Creme mußte den Anforderungen genügen, die tropischen Klimaverhältnisse mit sich bringen — also hohe Stabilität auch bei hohen Temperaturen.

Damit kam die „tropenstabile" Version von NIVEA Creme zum Einsatz, die bereits erfolgreich in klimatisch vergleichbaren Regionen vermarktet wurde.

Auch unter ungünstigen Temperaturbedingungen weist diese Variante eine Stabilität von mehr als 3 Jahren auf.

5.1.2 Preis

Der Endverbraucherpreis für NIVEA Creme wurde wesentlich unter dem des Hauptwettbewerbers, *Pond's,* festgelegt, um für den Verbraucher einen Wechsel attraktiver zu gestalten.

5.1.3 Distribution

Da Manila und Luzon gemeinsam 60 % der Zielgruppe für NIVEA Creme abdeckten, konzentrierten sich die Einführungsaktivitäten zunächst auf dieses Gebiet. Größere Supermärkte sollen ebenso wie die Großhändler direkt besucht werden, wobei letztere wiederum kleinere sog. SariSari Shops versorgten.

Ziel war es, überall da im Regal präsent zu sein, wo *Pond's* vertreten war.

5.1.4 Kommunikation

Mit der Einführungskampagne wurde eine lokale Agentur beauftragt, die sich durch Markenartikel Know-how nach entsprechender Prüfung alternativer Agenturen hervorhob.

Aus der Auswahl international eingesetzter Werbespots für NIVEA Creme wurde ein für die Konditionen des philippinischen Marktes passender Commercial ausgesucht und entsprechend den lokalen Bedingungen adaptiert.

Da TV das für die Einführung beste Medium war (hohe Reichweite, aufgrund der Zielgruppe für NIVEA Creme nur wenig Streuverluste, flächendeckend für die Distribution), sollte vorwiegend dieses Medium genutzt werden.

Eine Ausstrahlung sollte über die Sender Manila und Luzon erfolgen.

Da sich herausstellte, daß der Sender in Manila etwa eine Woche zeitversetzt seine Sendungen auch in die Provinz austrahlte, war es klar, daß auch eine entsprechende Distribution in diesen Gegenden sichergestellt werden mußte.

Im Einführungsjahr war mit einem Werbeetat von ca. 80 % des Produktnettoumsatzes zu rechnen.

6 Vorbereitungen zur Produktionsaufnahme

6.1 Verpackungsmaterial

Aus markenpolitischen Erwägungen war die Einführung der NIVEA Creme in der blauen Aluminiumdose wünschenswert.

Die Alternative — ein Plastiktiegel — wäre höchstens im Falle eines Importverbotes oder nicht zu vertretender Zollsätze für Aluminium diskutabel gewesen.

Der bereits erwähnte Akzeptanztest ergab darüber hinaus eine Priorität des Verbrauchers für die Aluminiumdose, womit die Entscheidung zugunsten dieser Verpackungsart gefallen war.

Daraus ergab sich jedoch die zusätzliche Frage der Beschaffung der Verpackung, und ob möglicherweise fertige Dosen, bedruckte oder unbedruckte Bleche importiert werden müßten.

Nach einer gemeinsamen Analyse von lokalen Aluminiumlieferanten, Dosenherstellern und der Beiersdorf AG stellte sich heraus, daß die lokale Herstellung von Dosen zu der kostengünstigsten Verpackung führen würde.

Da jedoch die geeignete Aluminiumqualität auf den Philippinen nicht zu beschaffen war, würden zunächst bedruckte Bleche aus Deutschland importiert werden müssen.

Für die Bedruckung der Bleche mußte in Deutschland eine Sonderfertigung veranlaßt werden, da die internationalen Dosengrößen für NIVEA Creme den Richtlinien der Philippinen anzupassen waren, die für Cremes bestimmte Standardgrößen vorschrieben.

Aufgrund der hohen Finanzierungskosten auf den Philippinen war eine relativ lange Zahlungsfrist zu gewähren; Zahlung erfolgte zwangsweise per unwiderrufliches Akkreditiv.

6.2 Produktionsvorbereitung

Nach Auswahl eines geeigneten Dosenherstellers durch Distributeur und Beiersdorf AG mußten zunächst sowohl das Equipment des Lohnherstellers als auch das des Dosenlieferanten auf die Notwendigkeiten der NIVEA Creme Produktion abgestellt werden. Diese Abstimmung erfolgte unter der Leitung der Beiersdorf AG gemeinsam mit allen Partnern. Für den Dosenhersteller wurden Werkzeugzeichnungen sowie Musterwerkzeuge aus Deutschland geliefert.

Gleichzeitig wurde vereinbart, daß nach der ersten Einführungsperiode von NIVEA Creme bei Vorliegen entsprechender Mengen die Bedruckung der Bleche aus Kostengründen auf den Philippinen erfolgen sollte.

Da jedoch bei der Verwendung von nicht durch die Beiersdorf AG spezifizierten Lacken und Farben Inkompatibilität mit der Creme auftreten könnte, sollten die entsprechenden Materialien gemäß Beiersdorf-Spezifikation importiert werden.

Die Ausrüstung des Lohnherstellers für die NIVEA Creme wurde durch Lieferungen aus Deutschland ergänzt und erweitert, so daß schließlich auch hier technisch optimale Voraussetzungen für die Produktion gemäß den geforderten Qualitätsstandards bestanden. Allerdings hatte inzwischen eine Nachkalkulation der Lohnabfüllungskosten durch die Beiersdorf AG ergeben, daß der Lohnhersteller offenbar für philippinische Verhältnisse „Mondpreise" forderte. Dementsprechende neue Verhandlungen verzögerten den Produktionbeginn erheblich und gefährdeten damit auch den Einführungstermin. Eine Buchung von Sendezeiten für TV, die Ende 1980 für 1981 hätte vorgenommen werden müssen, wurde damit problematisch.

Die Situation erforderte eine schnelle Beilegung des Streites um die Preise, die nur durch behutsamen Druck erfolgen konnte.

Deutlich verspätet wurde dann unter der Kontrolle der Beiersdorf AG schließlich eine Testproduktion von NIVEA Creme durchgeführt. Dieser Test verlief nach mehreren vergeblichen Ansätzen, für die der Lohnhersteller verantwortlich zeichnen mußte (mangelhafte Arbeitsvorbereitung, unzureichende Hygienemaßnahmen) schließlich positiv, so daß die endgültige Produktion und damit die Distribution termingerecht beginnen konnten.

7 Ergebnis

Die gesetzten Marketingziele wurden erreicht; bereits im Einführungsjahr erzielte NIVEA Creme einen Marktanteil von 5 %. Grundsätzlich muß man jedoch auf den Philippinen in Kauf nehmen, daß die Uhren etwas anders gehen. Das drückt sich zum einen darin aus, daß alle Aktivitäten mehr Zeit beanspruchen als in Zentraleuropa, zum anderen darin, daß der Produktionsstandard deutlich unter dem für deutsche Unternehmen gewohnten liegt.

Der produktionstechnische Know-how-Transfer bedarf einer ständigen Anpassung an die Möglichkeiten des lokalen Partners und muß eine ständige „Erfolgskontrolle" beinhalten.

Man kann durchaus die Überraschung erleben, daß im Grunde bereits erläuterte und vom Partner scheinbar implementierte Produktionsverfahren von heute auf morgen im Standard abfallen oder sogar überhaupt nicht mehr eingesetzt werden, wenn der Partner von ihrer Wichtigkeit nicht überzeugt ist.

Es kann sogar notwendig sein, den Hersteller aus diesem Grunde zu wechseln, was naturgemäß mit einem erheblichen Aufwand verbunden ist.

Auch eine sorgfältige Auswahl des Partners vor Beginn der Geschäftsverbindung kann das manchmal nicht verhindern.

So hatte es sich im Falle der NIVEA Creme-Herstellung als notwendig erwiesen, den Lohnhersteller zu wechseln, da aufgrund von Veränderungen innerhalb dieses Unternehmens eine erhebliche Verschlechterung der Produktionsqualität eingetreten war.

Diese Qualitätsprobleme führten dazu, daß die Qualitätskontrolle der Beiersdorf AG die Produkte nicht mehr für den Handel freigeben konnte. Out-of-stock Situationen im Markt und Verlust von Marktanteilen waren die Folge.

Durch einen Wechsel des Lohnherstellers konnte die Situation jedoch wieder konsolidiert werden.

Qualitätskontrolle und ständige Überzeugungsarbeit von seiten des Lizenzgebers sind daher von permanenter Wichtigkeit.

Mittlerweile sind der erfolgreichen Einführung von NIVEA Creme im Jahre 1982 weitere Mitglieder der NIVEA Familie gefolgt wie NIVEA milk, NIVEA Cremeseife und NIVEA face, die alle auf den Philippinen unter Lizenz hergestellt werden, so daß die Marke heute ein etablierter Bestandteil des philippinischen Körperpflegemarktes ist.

Ein Kleinbetrieb erschließt Thailand
Die maßgeschneiderte Strategie der FRIEDRICH KOLB GmbH

von Hans-Jörg Schnitzer

1 Unternehmensporträt
2 Neubereich Dienstleistungen: Reparatur und Aufarbeitung von Altteilen
3 Konzeptübertragung auf ausländische Märkte
4 Partnersuche und Personal vor Ort
5 Mittelfristige Planungen und derzeitiger Stand
6 Zusammenfassung und Perspektiven

1 Unternehmensporträt

Die Fa. Friedrich Kolb GmbH & Co KG in Stuttgart-Zuffenhausen wurde 1932 von Oberingenieur Friedrich Kolb gegründet. Vor und während des 2. Weltkrieges wurden Einspritzteile und Einspritzpumpen für Fahrzeuge und Flugzeuge produziert. Im Jahr 1945 mußte die Fertigung zwangsläufig umgestellt werden und Kolb begann hydraulische Wagenheber, hydraulische Komponenten wie Pumpen und Zylinder sowie Ventile ins Lieferprogramm aufzunehmen. Nebenbei wurden in eigener Reparaturwerkstatt hydraulische Wagenheber und Stoßdämpfer aller Fabrikate instandgesetzt. Starker Konkurrenzdruck Mitte der sechziger Jahre macht es erforderlich, neue Produkte wie Hubwagen, Hebebühnen, Fahrgeräte und Hubtische neben den hydraulische Bauteilen mit anzubieten. Bei steigender Auftragslage fehlte jedoch das Eigenkapital, um entsprechende Investitionen vornehmen zu können, um auch bei dieser breiten Lieferpalette auf Dauer konkurrenzfähig am Markt bestehen zu können.

In einer der ersten Rezessionsphasen 1967/1968 stellte sich nun die Frage, ob eine erfolgreiche Ausdehnung im alten Programm für die Zukunft sinnvoll erschien, vor allem deshalb, weil Großunternehmen wie Bosch oder Mannesmann massiv mit eigenen Hydraulik-Abteilungen in diesen Wachstumsmarkt einstiegen. Kolb hatte, wie erwähnt, immer schon parallel eine eigene Reparaturwerkstatt betrieben, die nicht nur eigene Produkte, sondern alle auf dem deutschen Markt befindlichen hydraulischen Wagenheber, Handpumpen und Werkzeuge reparierte. Der komplette Fertigungsbereich wurde im Jahr 1969 verkauft und die Friedrich Kolb KG — Hydraulik-Reparatur-Feinmechanik-Apparatebau nahm vorwiegend als Dienstleister mit stark verminderter Mannschaft ihre Tätigkeit auf.

2 Neubereich Dienstleistungen: Reparatur und Aufarbeitung von Altteilen

1970: Die besten und qualifiziertesten Mitarbeiter wurden von Kolb gehalten. Das Know-how und entsprechende selbstgebaute Maschinen und Vorrichtungen waren vorhanden. Bisher hatte man vorwiegend im Bereich der Reparatur von Kleingeräte-Hydraulik gearbeitet, während jetzt die Reparatur von Hydraulik-Zylindern, Pumpen und Steuerventilen für Kipper, Gabelstapler und Baumaschinen forciert wurde. Der Einstieg speziell bei potentiellen Großkunden war denkbar schwierig, da am Anfang der 70er Jahre der Wegwerfgedanke noch wahre Triumphe feierte. Es wurde nicht mehr repariert, sondern nur noch getauscht und Neuteile eingebaut. Nach der ersten Ölkrise ca. 1973 änderte sich das Denken in diesem Punkt sehr stark, so daß aus Kostengründen wieder verstärkt repariert wurde. Kolb beschäftigte sich zu diesem Zeitpunkt bereits intensiv mit der Metallspritztechnik, Spezialaufschweißungen und in Zusammenarbeit mit Veredlern mit der Hartverchromung. Dies führte dazu, daß neben negativen Erfahrungen auch sehr viel positive Erfahrungen in neuen Technologien gesammelt werden konnten, die dann in späteren Jahren schwierige Probleme lösen halfen. Weitere Ausdehnungen des Lieferumfanges ergaben sich daraus, daß Kunden, die bei der Reparatur von Hydraulikteilen gute Erfahrungen gemacht hatten, mit weiteren Verschleißteilen zur Aufarbeitung kamen (z. B. Flughäfen, Brauereien etc). Heute ist Kolb in fast allen Bereichen tätig, wobei natürlich auch die Wartung (Maintenance), Service und die Demontage und Montage von defekten Teilen beim Kunden mit dazugehören.

3 Konzeptübertragung auf ausländische Märkte

Die Überlegungen dieses Konzepts auf ausländische Märkte zu übertragen, bot sich an. Wenn in einem hochindustrialisierten Land, wie der Bundesrepublik Deutschland, ein solcher Aufarbeitungs- und Recyclingservice (Reconditioning) erfolgreich arbeitet, müßte dies in anderen Ländern ebenfalls möglich sein. Bei ersten Marktuntersuchungen kristallisierte sich heraus, daß die Bereitschaft in Ländern, die als Schwellenländer bezeichnet werden, beste Möglichkeiten für ein solches Projekt bieten. Während Länder wie USA, England, Japan etc. ausscheiden, da es dort ähnliche Betriebe bereits gibt, bzw. die Gewinnspannen zu den Neuteilen bei einem entspre-

chenden Investment zu niedrig sind, sind in Schwellenländern, wie z. B.
Thailand beste Voraussetzungen hierzu vorhanden.

Hierzu folgende Gründe:
1. Thailand muß fast alle Investitionsgüter importieren
2. Ersatzteile müssen vom Hersteller aus dem Ausland teuer gekauft werden
3. Maschinen bzw. teuere Anlagen stehen oft wegen kleiner und kleinster Mängel still
4. Lieferzeiten für Ersatzteile sind zu lang
5. Zölle für Ersatzteile sind sehr hoch
6. Die Zollformalitäten für einzuführende Teile sind langwierig und bedingen ebenfalls lange Standzeiten der Anlagen
7. Oftmals sind aufgrund von Devisenproblemen längere Wartezeiten bei der Eröffnung des L/C zu erwarten

Alle diese Punkte waren mitentscheidend, daß der Standort Bangkok sich anbot, da sich hier fast alle wirtschaftlichen Aktivitäten Thailands abspielen. Dies ist für einen Reparaturbetrieb bzw. Servicecenter für die Aufarbeitung (Reconditioning) von Altteilen optimal. Einen Betrieb, der solche Arbeiten durchführt, gibt es auf dem thailändischen Markt bisher nicht. Sehr viele Aufarbeitungsbetriebe sind auf dem Sektor Automobilteile-Aufarbeitung, der nicht zum Kolb-Bereich gehört, erfolgreich tätig.

4 Partnersuche und Personal vor Ort

Da in Thailand Ausländer bzw. ausländische Gesellschaften a) keine Grundstücke erwerben und b) nicht über 49 % in einem Unternehmen Anteile halten dürfen, stellte sich für uns die Frage, in welcher Form der zukünftige Betrieb gegründet werden sollte. Hierbei dachten wir an einen Thailänder mit entsprechender technischer und kaufmännischer Qualifikation, der mit etwas Eigenkapital ausgestattet war, oder ein Unternehmen, das einem bereits funktionierenden Betrieb einen Reparatur-Service-Betrieb angliedern wollte. In welcher Form, ob Joint Venture oder neue Gesellschaft mit Kapital aus Deutschland, war offen. Durch Vermittlung des renommierten Siam-Europe, Georg Deuschle-Büros in Bangkok waren erstaunlicherweise in allerkürzester Zeit sehr viele potente Bewerber mit entsprechendem Kapital bereit, mit uns eine Kooperation einzugehen. Bei näherem Hinsehen jedoch stellte sich heraus, daß wohl genügend Geld vorhanden war, das jedoch absolut notwendige technische Know-how völlig fehlte. Ein wie von uns geplanter Reparaturbetrieb funktioniert jedoch aus Erfahrung nur dann für die Zukunft und verspricht auch erst dann Profit abzuwerfen, wenn die Kunden die wiederaufgearbeiteten Altteile mit entsprechender Qualitätsgarantie, also wie Neuteile wieder einsetzen können.

Bei weiteren Recherchen wurde festgestellt, daß nicht nur das technische Management für einen solchen Betrieb fehlte, sondern vor allem qualifizierte Mechaniker, Dreher, Schweißer, die für diese Arbeiten notwendig sind. Es ergab sich hierbei die Schlußfolgerung, daß ein sofort gegründeter Betrieb mit an Sicherheit grenzender Wahrscheinlichkeit zu einem Flop geworden wäre. Deutsches Personal in größerem Umfang und über einen längeren Zeitraum als über die Einarbeitungsphase in Thailand zu belassen, wäre zu teuer geworden.

5 Mittelfristige Planungen und derzeitiger Stand

Da sich inzwischen noch 3 weitere Betriebe der Mechanikerinnung Stuttgart an einer Beteiligung an diesem Pilotprojekt in Thailand ernsthaft interessierten, wurde nun auf eine mittelfristige Planung von 3—4 Jahren umgestellt. Diese Planung sah vor, durch Gründung eines gemeinnützigen Fördervereins, der German-Thai-Foundation, Sitz Stuttgart, eine thailändische Schule zu fördern, so daß an dieser Schule mit deutscher Hilfe eine spezielle Ausbildung angeboten wird, die qualifizierte Absolventen hervorbringt. Die besten Absolventen sollten später dann Mitarbeiter des in Bangkok zu gründenden Unternehmens werden. Durch diese Maßnahme war es möglich, die Lehrpläne entsprechend zu beeinflussen, sowie die qualifiziertesten Schüler als Praktikanten zu bekommen. Der Schwerpunkt der Ausbildung liegt nicht auf theoretischem, sondern im praktischen, also handwerklichen Bereich.

Mit der Chamni Technology School in Bangkok wurde dann ein Vertrag über eine 3jährige Zusammenarbeit geschlossen (s. Abb.), der auszugsweise folgende wichtige Punkte beinhaltet:
1. Beistellung von deutschen Zeichnungen und Lehrplänen für alle 3 Ausbildungsjahre für die Ausbildung als Mechaniker und Metallwerker
2. Spenden der deutschen Mitgliedsbetriebe in Form von gebrauchten Maschinen, Werkzeugen, Meßwerkzeugen
3. 2—3 thailändische Praktikanten erhalten pro Jahr die Möglichkeit, als Praktikanten in die Betriebe nach Deutschland zu kommen
4. Übernahme der Kosten für einen Deutschlehrer an der Schule in Bangkok mit dem entsprechenden Lehrmaterial
5. Teilnahme von deutschen Prüfern bei Abschlußprüfungen und Überprüfen der Lernziele
6. 3 deutsche Mitglieder haben Sitz im Schulkommitee.

Diese Maßnahmen gewährleisteten, daß die qualifiziertesten Absolventen nach Deutschland kommen und vor Ort in den entsprechenden Betrieben

Vertragsunterzeichnung in Bangkok

auf ihre Eignung in fachlicher und menschlicher Hinsicht getestet werden können. Die ersten Praktikanten sind bereits mit allerbesten Erfahrungen durchgeschleust worden. Weitere Praktikanten sind bereits in Stuttgart.

Nur durch Hilfe des Wirtschaftsministeriums Baden-Württemberg, Bereich Entwicklungshilfe, war diese Lösung in einem solchen Pilotprojekt möglich, da die Kosten von den Betrieben speziell für die Förderung der Ausbildung sonst nicht aufzubringen gewesen wäre. Selbstverständlich können auch andere Betriebe Baden-Württembergs auf diese ausgebildeten Mechaniker bei Bedarf zurückgreifen.

Zur Vervollständigung der Markterschließung Thailands haben die beteiligten Firmen am Deutsch-Thailändischen-Symposium im Bangkok mit einem Gemeinschaftsstand teilgenommen. Auf diesem Symposium wurde auch die Zusammenarbeit zwischen den Betrieben und der Chamni Technology School präsentiert. Durch diese Kooperation soll auch „Good Will" zwischen offiziellen thailändischen Stellen und den deutschen Betrieben für die Zukunft aufgebaut werden.

Bereits im Vorfeld sind gebrauchte Maschinen von deutschen Firmen an thailändische Partner verkauft worden. Durch den Zusammenschluß von mehreren Stuttgarter Firmen ist es den Klein- und Mittelbetrieben erst möglich geworden, durch Aufteilung der Aufgaben und der Anlaufkosten an die sonst für jeden einzelnen Betrieb fast unmögliche Erschließung von Märkten in Südostasien zu denken. Parallel zu der Ausbildung von qualifiziertem Personal in Deutschland ohne Zeitdruck wird am dortigen Ort nach passenden Partnern gesucht. Für erfolgversprechende Verhandlungen, auch gerade mit potentiellen thailändischen Partnern, sind natürlich die bis jetzt erarbeiteten Marktkenntnisse, verbunden mit dem Aktivposten von trainiertem Personal, Pluspunkte für die deutschen Firmen.

6 Zusammenfassung und Perspektiven

Die Tätigkeitsbereiche der beteiligten Stuttgarter Firmen sind nachstehend zu ersehen. Es handelt sich hierbei um Unternehmen aus folgenden Gruppen:
1. Aufarbeitung von Altteilen = Dienstleistung
2. Hersteller von Zusatzvorrichtungen für Kunststoffmaschinen
3. Hersteller von Teilen für die Präzisionsmechanik
4. Hersteller von Kunststoffspritzteilen mit Werkzeugbau
5. Hersteller von Teilen für die Antriebstechnik.

Ein weiteres Stuttgarter Unternehmen aus dem Sektor Abwasser- und Luftreinigung ist ebenfalls bereits engagiert. Geplant ist zuerst ein Servicecenter, das im Dienstleistungsbereich beginnt, kombiniert mit einer Fertigung im Teilebereich, wobei später ein eigenes Produkt das Programm ergänzen soll. Ferner ist in diesem Servicecenter ein Schärfdienst für Sägeblätter, Bohrer und Fräser eingeschlossen, wobei hier ebenfalls an einen Ersatzteilservice für z. B. Hydraulik-Schläuche, Lager und Dichtungen gedacht ist. Ferner werden von Außendienstmonteuren Maintenance, Service und Reparaturen von Maschinen, Geräten und Fahrzeugen vorgenommen. Dies kann selbstverständlich für interessierte deutsche Firmen, die nach Südostasien exportieren wollen, aber keinen eigenen Kundendienst dort aufziehen können oder wollen, von enormer Hilfe sein. Gerade mit deutscher Gründlichkeit, genauen Lieferterminen, hoher Präszision und Qualität, ist der dortige Markt im Hinblick auf die wirtschaftliche Entwicklung Thailands erfolgversprechend. Die thailändische Regierung fördert die Klein- und Mittelindustrie, da Arbeitsplätze auf Dauer geschaffen werden sollen. Wirtschaftliche Stabilität, eine pragmatische Regierung, arbeitsame und bereitwillige Arbeitskräfte sind die Grundlagen hierfür.

Alle Beteiligten, Thailänder und Deutsche, sehen in diesem Konzept auch für Klein- und Mittelbetriebe eine dauerhafte Möglichkeit auf fairer Basis, Geschäfte in der Zukunft zu machen. Dies ganz besonders, da die Risiken aufgrund der umfangreichen Vorarbeiten kalkulierbar gemacht werden konnten.

Für die Zukunft getrimmt — von Schwaben in fünf Kontinente
WANDEL & GOLTERMANN in Brasilien

von Hermann Schaufler

1　Einführung
2　Das Unternehmen
2.1　Die Geschichte der Tüftler
2.2　Personen
2.3　Position am Weltmarkt
3　Das Produkt — die Kompetenz
3.1　Umfeld — weltweite Herausforderung
3.2　Notwendige Technolgie — Technik
3.3　Produkt und Entwicklungskompetenz
3.4　Das Beispiel eines Anwenders: Die Notwendigkeit der Meßtechnik in der Nachrichtentechnik
4　Brasilien — Rio de Janeiro
5　Ausgangssituation vor dem Einstieg
6　Die gesetzten Ziele
7　Politische Rahmenbedingungen
8　Politik Brasiliens — unternehmerische Antwort
9　Die Phase der Restriktionspolitik
10　Die W & G-Strategie
11　Erfolg und Kommentar

1 Einführung

In den siebziger und achtziger Jahren hat der altehrwürdige Telefondraht unvorstellbar neue Aufgaben bekommen, so daß er zum Ausgangspunkt der modernen Telekommunikation wurde. Große Datenmengen zwischen leistungsfähigen Computern sind zu transportieren, über Telefax-Geräte werden Grafiken und Texte übermittelt, Bankoperationen und weltweite Flugbelegungssysteme sind abzuwickeln — und dies über ein herkömmliches *Telefonnetz*. Doch die Entwicklung der Informationstechnologien hat seinen Ausbau und eine qualitative Verbesserung erhöht. Die klassische Form der Telekommunikation verschmilzt zusehends mit der Datenverarbeitung.

So entstand in kaum 3 Jahrzehnten einer der größten Wachstumsmärkte der Welt. Berücksichtigt man nur die technischen Installationen, hat er schon 1986 einen Umsatz von ca. 200 Mrd. DM erreicht. Dies weckt neue Begehrlichkeiten — nationale Anwender in staatlichen Monopolen sehen sich zunehmend im Kampf mit privaten Anbietern. Hier wird aber nicht der Kuchen verteilt, denn trotz Globalisierung wachsen die Märkte und es kommen ständig neue hinzu. Ergebnis der Technischen Revolution: Entfernungen existieren praktisch nicht mehr. Bits werden durch Satelliten, Funkstrecken und Netze gejagt. Die Distanz zu Brasilien schrumpft auf dem Weg zum nächsten Telefonapparat.

Diese weltumspannende Informations- und Kommunikationstechnik ist zuvörderst das Feld der Multis — in Amerika, Japan und Europa. Welche Rolle spielt darin ein schwäbisches Familienunternehmen mit dem Produkt „Meßsysteme für die Nachrichtentchnik"? Wird es mitgerissen, fremdbestimmt oder behauptet es sich mit eigenen Strategien — weltweit konkurrenzfähig?

Spitzenreiter aus den USA

Sechs Unternehmen teilen sich 47,5 Prozent des Telekommunikations-Weltmarktes

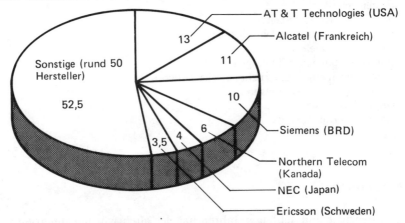

Abb. 1: Telekommunikation — Anbieter auf dem Weltmarkt
Quelle: EG-Magazin Nr. 11/1988/Beilage Binnenmarkt

2 Das Unternehmen

2.1 Die Geschichte der Tüftler

Der Student Wolfram Wandel und der Abiturient Ulrich Goltermann betreten am 30. November 1923 das Postamt. Ihr Ziel: Ein Hobby zu legalisieren und mit einer Rundfunklizenz im württembergischen Reutlingen den Grundstein für ein gemeinsames Unternehmen zu legen. Das Hobby war die junge Radiotechnik. Und so begann die Produktion von Detektor-Radios, die von den mitten im Studium praktizierenden Jungunternehmen bald von Röhrenradios abgelöst wurden.

Es fielen die ersten Erträge ab, die zur Kostendeckung des Studiums verwandt wurden. So leistete die rasante Entwicklung der Sendernetze die ersten Beiträge für „Forschung und Entwicklung".

Der schwarze Freitag des Jahres 1929 in den USA setzte der Idee der beiden jungen Schwaben jedoch ein unerwartetes und schroffes vorläufiges Ende. Der Pioniergeist wurde von den weltwirtschaftlichen Abgründen jedoch nicht erfaßt. Beide stürzten sich auf das Segment der privaten Benutzer von Fernsprechanlagen. Die Markteinführung wurde erleichtert durch zwei historische Aufträge: Eine Anlage im Rathaus der Heimatstadt und die Zentrale Rundfunk- und Suchanlage in der nahe gelegenen chirurgischen Universitätsklinik Tübingen.

Auch der 2. Weltkrieg konnte am einmal beschrittenen Weg nichts mehr ändern. Die Richtung wurde von der Entwicklung der Technik und der eigenen Erfahrung bestimmt. Wer sendet und empfängt, macht sich auf die Suche nach den Schwachstellen der Systeme. So entstand als Unternehmensinhalt die Übertragungs- und Nachrichten-Meßtechnik. Und es entstanden Meßgeräte der Wandel & Goltermann-Qualität, die bald das Interesse der Deutschen Bundespost fanden. Mit 120 Mitarbeitern zog man 1954 aus der eng gewordenen Reutlinger Innenstadt ins nahe Eningen u. A. Zwanzig Jahre danach hatten sich die Betriebsangehörigen „verzehnfacht". Heute arbeiten am Stammsitz rund 2000 Menschen.

2.2 Personen

Das Unternehmen und seine Tochtergesellschaften werden heute von den Söhnen der Gründer (Wolfram Wandel gest. 1964; Ulrich Goltermann gest. 1986) zusammen mit zwei weiteren Geschäftsführern geleitet. Frank Goltermann übernimmt die vielfältigen Repräsentativverpflichtungen als quasi „Vorsitzender der Geschäftsführung" bis hin zu Aufgabenstellungen im ständigen Kontakt zu den Universitäten und Hochschulen. Albrecht Wandel (45 Jahre) verkörpert die Dynamik der 2. Unternehmensgeneration. Der Absolvent der Technischen Universität ist als geschäftsführender Gesellschafter zuständig für Finanzen, Controlling und Personal. Eine ideale Ergänzung finden sie in Herbert Bayer (Entwicklung, Vertrieb, Produktion) und Wolfgang Hütter (Logistik, Zentraldisposition).

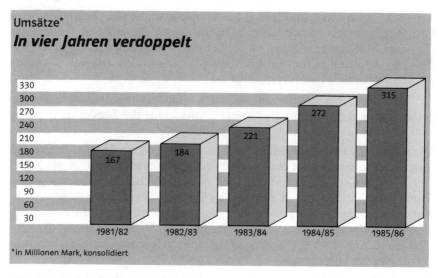

Abb. 2: Umsatzentwicklung bei W&G

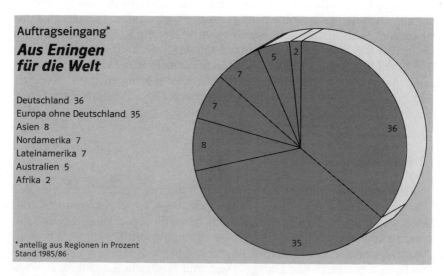

Abb. 3: Verteilung des weltweiten Geschäfts

Die Geschäftsleitung hat das Unternehmen in 16 Fachbereiche aufgegliedert. An deren Spitze steht jeweils ein im Betrieb erfahrener Mitarbeiter. Die Philosophie: Eigenverantwortlichkeit als Produktionsfaktor.

2.3 Position am Weltmarkt

Der Vertrieb von Wandel & Goltermann operiert auf allen Kontinenten. Die Kenntnis von Personen und Systemen aller nationalen Fernmeldeverwaltungen ist so selbstverständlich wie die Partnerschaft mit den führenden Herstellern von Kommunikationssystemen (vgl. Abb. 1). Inzwischen gehören dazu staatliche und private Betreiber und Nutzer von Nachrichten- und Datenübertragungssystemen. Wandel & Goltermann verfügt über eine leistungsfähige Vertriebsorganisaton, die auf jeweilige nationale Notwendigkeiten spezialisiert ist.

Wandel & Goltermann unterscheidet zwischen Tochtergesellschaften (15 als Vertrieb der Produktion), Vertretungen und Produktionsstätten (England, USA, Brasilien), die eine weltweite Strategie abdecken. Organisatorisch ist das Unternehmen heute in 4 produzierende Divisions gegliedert. Abb. 3 zeigt die weltweite Verteilung des Geschäfts.

3 Das Produkt — die Kompetenz

3.1 Umfeld — weltweite Herausforderung

Die Meßtechnik für die Nachrichtentechnik hat zwei Seiten. Zum einen sieht sie das Funktionieren des weltweiten Nachrichten-Übertragungssystems, zum anderen ist sie eine unverzichtbare Hilfe bei der Entwicklung fehlerfreier Geräte.

ISDN, CAM, weltweiter Rechnerverbund, BTX, Bigfon . . . ist es logischer Fortschritt der Nachrichtentechnik oder totale Kommunikation? Es ist fast ohne Bedeutung, welche Form der Nachricht übermittelt wird: Schaubilder, Bilder, Texte oder Töne, die aus Bits und Bytes, also den sogenannten digitalen Informationsimpulsen stammen. Diese Techniken, ob analog oder digital, haben ihre Probleme: entweder sind die zur Verfügung stehenden Frequenzen limitiert oder es treten Störungen auf, die die Funktion beeinträchtigen oder aufheben. Am wenigsten Probleme kennen Rundfunkprogramme — Worte und Sinn lassen sich rekonstruieren. Aber im Dialog von Computern? In wenigen Sekunden werden z. B. Vertragstexte oder zusammenhängende Daten gesendet. Sie können zerstört oder unbrauchbar empfangen werden — zum Schaden der Teilnehmer. Da der Begriff „just-in-time" oft eine unwiederbringbare Rolle spielt, beweist er den Stellenwert. Insofern ist die Meßtechnik für Nachrichtensysteme eine Schlüsseltechnologie.

3.2 Notwendige Technologie-Technik

Das weltweite Nachrichtenübertragungsnetz ist das größte technische System überhaupt. Es funktioniert fast perfekt. Diese Perfektion jedoch ist ohne Standardisierung nicht denkbar. Das Einhalten des Standards ist aber nur durch den ständigen Vergleich mit Normalem möglich, eben durch Messen.

In der klassischen Nachrichtentechnik erfolgte und erfolgt die Übertragung in analoger Form. Diese Technik baut auf einer verzerrungsfreien, ungestörten Übermittlung von Sinusschwingungen auf, wobei jeder Nachricht ein bestimmtes Frequenzband zur Verfügung gestellt werden muß.

Zu der klassischen Form der Übertragung gehört eine klassische Meßtechnik. Sie mißt Spannung und Strom, Leistung und Frequenz. Sie beobachtet, ob die erforderlichen Frequenzbänder tatsächlich bereitstehen oder ob etwa Leistungen, Verstärker und Vermittlungsstellen eine zu große Dämpfung aufweisen. In den vergangenen Jahren löste die Digitaltechnik die analoge Nachrichtentechnik ab. Gleichgültig ob Sprache, Text, Bilder oder Daten übertragen werden, es werden nur noch Impulse mit Null- oder Eins-Werten gesendet. Dabei ist es im Idealfall möglich, beliebige Entfernungen zu überbrücken, ohne daß die Nachricht von Störungen beeinflußt wird. Dies gilt aber nur, wenn kein Impuls, kein Bit verlorengeht.

Nachrichtentechnik, Computer und Digitaltechnik erfordern extrem schnelle Bauelemente. Diese Grundbausteine der modernen Elektronik lassen sich nur mit erstklassigen Meßgeräten entwickeln. Dabei muß die Meßtechnik dem, was sie messen soll, immer um einen Schritt voraus sein.

3.3 Produkt und Entwicklungskompetenz

Die Produktpalette orientiert sich an sechs Hauptkompetenzen. Die technische Herausforderung bestimmt die Erzeugnisse, welche übrigens in einer noch überraschend großen Fertigungstiefe hergestellt werden.
- a) Datenkommunikation

    Schnelligkeit der Datenübertragung sowie Datentreue für Kontoführung über BTX, Flugbuchungen, Recherchen über PC, weltweite Bankverbindung auf on-line-Terminals etc.

    Erforderliches Werkzeug: Datennetzdiagnose-Einrichtungen
    Produkte: Teletex-Tester, DNE-Systeme, Datenanalysator und für
    Service vor Ort: Daten-Meßkoffer.
- b) Der größte Automat, den der Mensch je geschaffen hat, ist das Weltfernsprechnetz. Es steht vor einer revolutionären Entwicklung: ISDN —

Integrated Service Digital Network! Sprache, Daten, Text und Festbilder laufen über Leitungen, über die bislang nur telefoniert werden konnte.

Die Kompetenz: *Die Produktbeispiele:*

Telefon

Komfort-Telefon

Bildschirm-Telefon

Telefax

Meßautomat für PCM-Kanäle

Teletex

Textfax

Daten

Btx

Optischer Pegelmesser

c) Weder die klassische Nachrichtentechnik noch ihr Netz haben ausgedient. Kabel-, Richtfunk- und Satellitenstrecken verbinden Menschen rund um den Erdball. Pegel- und Verzerrungsmessungen sind dabei unabdingbare Voraussetzung. Jahrzehntelanges Know-how machte Wandel & Goltermann in der sogenannten analogen Pegelmeßtechnik zum Marktführer.
Produkt: Richtfunkmeßplatz, Hochleistungsgerät bei der Untersuchung von Richtfunk- und Satellitensystemen.

d) Die Produktkompetenz erweitert sich logischerweise auf die Bereiche: Spektrum- und Netzwerkanalyse, Labormeßtechnik.
Überall, wo Signale erzeugt und übertragen werden, finden Geräte von Wandel & Goltermann ihren Einsatz. Zum Beispiel ist in der Satellitentechnik zu überprüfen, ob bestimmte Frequenzbänder frei von Störungen sind.
Das Produkt: Spektrum-/Netzwerk-Analysator

e) Die Kompetenz des Unternehmens erstreckt sich inzwischen auch auf automatische Test- und Überwachungs-Systeme.

Satelliten-Meßsystem: Mit dem SMS-System ist es erstmals möglich, einen automatischen Systemabgleich zwischen zwei Erdfunkstellen durchzuführen. Einfache, übersichtliche Bedienung per Dialog, Erkennen von Bedienungsfehlern, übersichtliche Ergebnisdarstellung, schnelle und problemlose Durchführung der Messungen sind seine Merkmale.

f) Das Unternehmen ist seit jeher auf dem Gebiet der Niederfrequenz-Meßtechnik kompetent. Das Angebot ist ein universelles Meßgerät für Studios. Der Niederfrequenz-Analysator NFA-1 z. B. mißt in Rundfunk- und Tonstudios Mikrophone, Wiedergabegeräte, Verstärker, Mischpulte und Übertragungsleitungen.

3.4 Das Beispiel eines Anwenders: Die Notwendigkeit der Meßtechnik in der Nachrichtentechnik

In den USA gehen die Uhren zwar nicht „richtiger", dennoch anders. Zum Beispiel basiert die dortige digitale Übertragung von Telefongesprächen auf einer Systemfamilie, die von der europäischen abweicht. Die Folge: Gerätenormen eigener Art etablierten sich und müssen von europäischen Herstellern bereits in der Konstruktion und Entwicklung berücksichtigt werden.

Respektable acht Prozent des Weitverkehrs-Marktes deckt MCI in den Staaten mittlerweile ab. 120 Fernvermittlungen werden unterhalten, 36 zentrale CAT-Überwachungszentren (Computer Assisted Testing), Anschlußstationen im 20-Meilen-Umkreis jeder größeren Stadt und pro Großstadt bis zu fünf Terminals als Gegenstück zu den Anschlußstationen; dazu noch Hochgeschwindigkeits-Glasfaserkabel-Strecken — etwa von New York nach Washington, Chicago, Dallas oder Houston. Weiter betreibt und unterhält MCI ein eigenes Satellitennetz für den Nachrichtentransfer nach Hawaii oder für große Entfernungen innerhalb der USA: Unter Benutzung modernster Technik baute MCI eines der größten Nachrichtennetze der Welt auf.

Intelligente Nachrichtenmeßtechnik erweist sich also zunehmend als unentbehrlich für die Nachrichtentechnik: „Geräte und Übertragungsstrecken müssen turnusmäßig geprüft werden. Zum anderen müssen wir im weiträumigen Amerika lange Strecken überbrücken. Ständig liegen veränderte atmosphärische oder klimatische Bedingungen vor. Ihre negativen Einflüsse gilt es zu messen und entsprechend zu kompensieren", Wandel & Goltermann, Firmendarstellung.

4 Brasilien — Rio de Janeiro

Mit Sitz in São Paulo, einer der größten Städte der Welt, und Rio de Janeiro sorgt seit 1969 die Wandel & Goltermann Latino Americano in Lateinamerika für stetig wachsenden Produkterfolg. Zuständig für Vertrieb und

Service in Brasilien sind die dortigen Mitarbeiter, weitgereiste Leute. Denn Brasilien mißt längs wie quer bis zu 4000 Kilometer und nimmt mit einer Fläche fast so groß wie USA die Hälfte von Südamerika ein.

Die gesamte W & G-Produktpalette wird in Brasilien verkauft. Die Geräte stammen aus den drei Fertigungsstätten in Deutschland, England und den USA — sowie vom führenden brasilianischen Meßgeräte-Hersteller WGB Eletronica de Preccisao. „Damit sind wir der bedeutendste Meßgerätelieferant in Brasilien", so das selbstbewußte Management.

Die Dynamik der Entwicklung des südlichen amerikanischen Subkontinents begreift man am besten mit einem Blick in ein altes Lehrbuch der Geographie. („Länder und Völker", IV, 1950; E. Klett-Verlag, Stuttgart)

Brasilien: 46 Millionen Einwohner (800 Tausend Deutsche)
Fläche: 8,5 Mio. qkm
Beispiel: São Paulo: 1,3 Millionen Einwohner

Im März 1989 entnimmt der Besucher der Information des deutschen Generalkonsulats in Rio de Janeiro:

Fläche: 8512 T qkm
Bevölkerung: 144,2 Mio. Anteil der Stadtbevölkerung
75 % — jährliche Zuwachsrate: 2,4 % = ca. 3,5 Mio.

5 Ausgangssituation vor dem Einstieg

In den dichtbesiedelten Zentren der industrialisierten westlichen Welt ist die Telekommunikation über den wirtschaftlichen Wert hinaus seit langem zivilisatorisches, kulturelles Statussymbol. Dagegen bemißt sich der Wert z. B. eines funktionierenden Telefonnetzes in Ländern einer Größenordnung Brasiliens (ca. 35 × Bundesrepublik Deutschland) als kostengünstigste Infrastruktur zur Erschließung wesentlicher Teile eines Schwellen- und Entwicklungslandes. Es ersetzt zudem in weiten Teilen den Mangel an Eisenbahn- und Straßenverkehrsnetzen für den Informationsbereich.

Bei Betrachtung der Karte Südamerikas bietet sich aus europäischer Sicht die Mittellage/Ostküste und die hälftige Bevölkerung des Subkontinents als Ansatzpunkt einer strategischen Ausgangslange für den gesamten amerikanischen Teilkontinent an. Nicht zu vergessen ist, daß Brasilien als einziges Land Lateinamerikas mit Portugiesisch eine quasi eigene Sprache besitzt.

a) Vom Fremdenverkehr zum eigenen Mitarbeiter

Wie in so vielen Fällen der Markterschließung fremder, aber politisch-wirtschaftlich offener Kontinente greift man nach Jahren relativ unbedeutender Vertretertätigkeiten auf alternativ sich anbietende Offensiven zurück:

— entweder ist ein Ausländer entsprechender Nationalität im deutschen oder europäischen Raum mit dem eigenen Produkt vertraut

oder

— man stößt auf einen Vertriebstechniker deutscher Abstammung mit erforderlicher Landeserfahrung und gefragter Mentalitäts- und Menschenkenntnis.

Dies soll kein Hinweis auf den Zufall sein; es ist ein unabweisbarer Erfahrungswert.

Jedenfalls sind in Schwellen- und Entwicklungsländern immer noch Pionierleistungen zu vollbringen, die sich nicht einem Lehrbuch für Betriebs- oder Volkswirtschaft einer europäischen Hochschule entnehmen und strategisch im Betrieb umsetzen lassen. Es bedarf der vor Ort erfahrenen, zuverlässigen Persönlichkeit. Sie braucht für ihre Aktionen oft mehr Vertrauen als es ins Koordinationskreuz einer deutschen Betriebsorganisation paßt. Das heißt schlicht, daß zwischen Geschäftsleitung und Pionier mehr als überprüfbare vertragliche Beziehungen bestehen sollten.

b) Von der Vertretung zur eigenen nationalen Vertriebsgesellschaft
Wandel & Goltermann fand diese Persönlichkeit zweifellos in dem in Hamburg geborenen, in Kolumbien aufgewachsenen Vertriebstechniker Hinnerk Bülk. Sein Wirkungsfeld zwischen Buenos Aires bis Mexico City hat sich zunehmend auf das politisch-wirtschaftlich nicht unproblematische, aber wie kein anderes lateinamerikanisches Land prosperierende Brasilien konzentriert.

6 Die gesetzten Ziele

Das Unternehmen hat Vertriebsfaktoren ausgearbeitet, die als Unternehmensphilosophie bezeichnet werden können:

a) Technische Beratung des Kunden — Technische Kenntnisse des Kunden — Laufende Präsenz beim Kunden

Dazu baute Wandel & Goltermann eine leistungsfähige Vertriebs-Organisation auf, die sich an die jeweiligen nationalen Notwendigkeiten anpaßt. Da sich das Unternehmen in erster Linie als Partner seiner Kunden versteht, wird der Ausbildung des weltweit aktiven Vertriebspersonals eine große Bedeutung beigemessen. Vertriebschef Stefan Meßmer: „Unsere Verkaufsingenieure müssen kompetente Gesprächspartner für unsere anspruchsvollen Kunden sein. Darauf sind unsere Aus- und Weiterbildungsaktivitäten ausgerichtet."

Die einzelnen Vertriebsstellen sind so organisiert, daß jeder Kunde einen Ansprechpartner hat, der seine Fragen, Probleme oder Anregungen aufnimmt. Und kann er sie nicht selber erledigen, sorgt er dafür, daß die entsprechenden Stellen der Wandel & Goltermann-Organisation eingeschaltet werden und der Kunde schnell eine adäquate Antwort erhält.

Die gezielte Zuständigkeit für den Kunden ist nicht nur eine vorübergehende Aufgabe in der Akquisitionsphase, sondern gilt auch bei der Auslieferung und während der weiteren Nutzung des Produkts: Einweisungen in die Produkte und in die entsprechende Meßtechnik sowie ein umfangreiches

Angebot kundenoffener Applikationsseminare unterstreichen die große Bedeutung, die das Unternehmen einem partnerschaftlichen Verhältnis zu seinen Kunden beimißt. Leistungsfähige Einrichtungen sowohl im Stammhaus als auch bei den weltweiten Vertriebsstellen helfen mit, den Kunden bei Geräteausfällen schnell wieder „arbeitsfähig" zu machen und halten die Verfügbarkeit der Produkte beim Kunden auf einem hohen Stand. Für Kunden, die eigene Servicemöglichkeiten haben, hält Wandel & Goltermann als Flankierung des Vertriebssystems laufend Service-Schulungen ab.

b) Anwesenheit internationaler und lokaler Konkurrenz

Aus Abb. 1 ergibt sich schlüssig auch für Brasilien die internationale Konkurrenz. Die meisten Systemhersteller sind entweder über die Notwendigkeit ihres eigenen Forschungsbereichs oder im Glauben an die Komplettierung des Angebots auch in den Meßgerätebereich eingestiegen. Sie bilden oft unter widrigsten Wettbewerbseinflüssen die zu beachtende Konkurrenz des schwäbischen Unternehmens, das von der Vertriebstochter aus, mit Sitz in Rio de Janeiro, die in Deutschland, England oder USA gefertigten Produkte auf den Markt bringt.

Die japanische Konkurrenz (100 % NEC-Tochter) startet seit Jahren Offensiven über die Westküste Südamerikas. Nicht nur die MiTi-Protektion sondern auch Marktstrategien sind einzukalkulieren. Zum Beispiel werden Ausbildungszentren errichtet, die eine kostenlose japanische Geräteausstattung erhalten. Die deutschen starren gesetzlichen Regelungen lassen hier nicht einmal entfernt eine kompetitive Antwort zu.

Die amerikanische Konkurrenz hat durch den Dollareinbruch 1986/87 riesige Wettbewerbsvorteile erhalten. Sie wirken sich in Anfangsphasen für den deutschen Wettbewerber gravierend aus. Preiszugeständnisse, bessere Qualität, bessere und dichtere Serviceleistung sind vorübergehend die einzigen Gegenmittel, um den Preisunterschied vertreten zu können — also langfristige Strategien mit flexiblen Komponenten. Die brasilianische Gesetzgebung hat einige Wettbewerbsprobleme durch protektionistische Maßnahmen aufgehoben (zur neuen nationalen Strategie vgl. unten).

c) Telefontarife — Devisen — Finanzierungen

Die Landeseigenschaften sind schon erwähnt. Die Herausforderung, den Bedürfnissen und beschränkten Möglichkeien eines Landes (4000 km : 4000 km) mit einer Strategie zu begegnen, werden natürlich durch einen unvergleichbar variablen politischen Rahmen erschwert:
— eine oft sich ändernde Tarifpolitik, die Nachfrageeinbrüche herbeiführt, wenn z. B. massive Steuern auf Tarife erhoben werden,

— schwierige vertragliche Geschäfts- und Lieferbedingungen unter Berücksichtigung der Tatsache, daß Brasilien seit über 10 Jahren ungeahnte Inflationen durchsteht (vgl. 1988 ca. 1000 %). Innerhalb von 2 Jahren erfolgten 2 Währungsreformen; Abschlüsse sind deshalb nur an hard currencies zu orientieren.

— Bei Betrachtung der Auslandsverschuldung, unsicheren politischen Verhältnissen und reduzierter bzw. völlig gestrichener Sicherungs- oder Bürgschaftsübernahmen sind Finanzierungen größeren Umfangs oft kaum zu realisieren. Für kleine und mittlere Unternehmen scheidet in der Regel der Versuch einer Kompensation aus.

7 Politische Rahmenbedingungen

144 Millionen Menschen und eine Wachstumsrate von 2,4 % p. a. bedeuten über 3 Millionen Menschen jährlich mehr. Dies führt bei einer Bevölkerung, in der die Hälfte unter 21 Jahren alt ist, dazu, daß jedes Jahr ca. 2 Millionen zusätzliche Arbeitsplätze geschaffen werden müßten. Die Daten beweisen riesige Potenz wie Ohnmacht in gleichem Maße.

Eine die Regierung fordernde Aufgabe ist deshalb in erster Linie der Aufbau einer eigenen industriellen Infrastruktur. Der Schlüssel dazu kann unmöglich eine liberalistische Handelspolitik sein. Brasilien muß und kann seine Strukturen nicht auf Lieferungen der Industrienationen aufbauen; vielmehr bemüht es sich mit selten treffsicherem Geschick um die ausländische, technologisch entwickelte Investition.

Das Land bietet ohne Zweifel einen großen Binnenmarkt mit mittel- oder langfristigen Entwicklungschancen. Bei der Globalisierung der Märkte ist auch nicht auszuschließen, daß die alte Idee einer südamerikanischen Freihandelszone wieder Gestalt annimmt und vor allem wirtschaftliche Anziehungskraft gewinnt.

Deshalb erkannte Wandel & Goltermann schon in den 70er Jahren, daß das Engagement je nach politischer Entwicklung von einer hauseigenen Handelspolitik zu einer Investitionspolitik führen könnte.

8 Politik Brasiliens — unternehmerische Antwort

Neues System

Bis 1972 existierten in Brasilien ca. 900 Gesellschaften (privat/halbstaatlich), die sich mit Nachrichten und Kommunikation beschäftigten. Durch

Gesetz wurde dann das Brasilianische Telecommunication System geschaffen. Damit begann die zweite große Herausforderung für Wandel & Goltermann.

In der Regie Sistema Telebrás sind in 15 Jahren jedoch unbestreitbare Fortschritte gemacht worden.

BRASILIEN TELECOMMUNICATION SYSTEM

- DENTEL — SUPERVISION
- TELEBRÁS — TELECOMMUNICATION
- EBCT — POST TELEGRAPHY

— TV (108 STATIONS*)
— RADIO (Ca. 1200 STATIONS*)

*PRIVATE

KOMMENTAR: Vor Gründung der Telebras d. h. bis **1972 ca. 900 Gesellschaften**

ORGANISATION OF TELEBRÁS

SISTEMA TELEBRÁS
Telecomunicações Brasileiras S/A
— Holding
— Investment
— Standard (based on CCITT)

<u>EMBRATEL</u> (national wide): Long distance
Telex
Data transmission
TV-Distribution
International Services
Satellites

29 OPERATIONAL COMPANIES (REGIONAL)
The biggest are
— TELESP/Sao Paulo (Ca. 40 %)
— TELERJ/Rio de Janero
— TELEMIG/Belo Horizonte
— TELEPAR/Curitiba
— TELEBAHIA/Salvador

Telefonanschlüsse:	1972	1980	1987
	2,4 Mio.	7,3 Mio.	12,8 Mio.

Das bedeutet allein für den Telefonbereich eine durchschnittliche Installation von 600.000 Terminals pro Jahr; man rechnet derzeit mit einer Wachstumsrate von ca. 10 % p. a. Dabei ist zu berücksichtigen, daß die EMBRATEL als AG rund 1200 US $ pro Anschluß verlangt.

Besonders interessant erscheint die Tatsache, daß Fachleute aufgrund des riesigen Bedarfs damit rechnen, daß Brasilien in einigen Jahren die meisten installierten Digital-Anlagen der Welt haben wird, da sich die heute versorgten Länder wohl nur sehr langsam umstellen werden, wohingegen Neuinstallationen schon mit neuer Technologie versehen erfolgen.

9 Die Phase der Restriktionspolitik

a) In die Aufbauphase der Handels- und Servicebetriebe hinein platzte 1976 die Verkündung einer neuen Handelspolitik.

Die Ziele wurden offen ausgesprochen:

— Reduktion der Importe auf ein Minimum wegen Fehlens harter Währungen

— Vorrang der Entwicklung einer nationalen Industrie

Keine Überraschung bildeten insofern die protektionistischen Mittel und Methoden:

— Importe nur gegen Lizenz

— Begrenztes Importprogramm für jedes Unternehmen, Lizenz nur über Zollbehörde

— Einfuhrverbot, wenn ein vergleichbares brasilianisches Produkt existiert und

— Importfinanzierung bis zu 8 Jahren.

(vgl. Decret LAW 3.433/2.434 — schriftlich erst am 15. 5. 88 erlassen, jedoch schon 1976 wirksam)

b) Wohl wegen mangelnder erwarteter Wirkung folgte 1978 aufgrund einer neuen Resolution für bestimmte Branchen eine neue Restriktion, die sich im Kommunikationssektor besonders auswirkte.

BRAZIL — RESTRICTIONS IN SPECIAL SECTORS

INDUSTRY POLICY — MINISTRY OF COMMUNICATION
START: 1978 — Resolution 622 OF 19. 06. 1978
AIM: — Development of national telecommunication industry
— More independence from imports
METHOD: — Preference for national companies (= 51 % of voting capital)
— Technical acceptance (homologação) and registration of companies and products

INSTRUMENTS FOR TEST MEASUREMENT

TELEBRÁS — Circle-letter 629/81 OF 03. 08. 1981
— Preference FPR national industry/products
— Limiting international companies to seven (HP, TEKTRONIX, ANRITSU, W&G, SIEMENS, MARCONI, ELMI)

Es muß als hervorstechender Erfolg bezeichnet werden, das W & G unter die wenigen weltweit Großen gesetzt wurde, die noch Meß- u. Testgeräte an Telebras nach dem 3. 8. 1981 liefern durfte.

10 Die W & G-Strategie

Die Geschäftsleitung der W & G entschloß sich nach den sich abzeichnenden politischen Folgemaßnahmen schon 1979 zur Gründung einer Produktionsgesellschaft bei São Paulo mit dem Namen: WGB-Electronica de Precisào LtdA (Gegründet in Rio, Sitz seit 1983 in Cotia).

Mit inzwischen 70 Mitarbeitern (geleitet vom deutschen Ingenieur K.-H. Lensing) werden dort

— W & G-Geräte zusammengebaut,
— im Rahmen der Nationalisierung Geräte anderer Hersteller gefertigt,
— eine eigene Entwicklung betrieben,
— Servicesystem und technische Assistenz geführt.

Der Vertrieb dieser Produkte erfolgt wiederum über das Vertriebs- und Servicebüro in São Paulo.

Wie richtig sich die Anpassung an Marktbedingungen erwiesen hat, zeigt die letzte einschneidende Restriktion aufgrund der neuen „Informatic Policy" 1981 aufgrund eines Informatik + Technologiegesetzes vom 22. Oktober 1984 (!).

BRAZIL — RESTRICTIONS IN SPECIAL SECTORS
INFORMATIC POLICY — MINISTRY OF SCIENCE AND TECHNOLOGY
START: 1981 — Completed by informatic law of technology 22. 10. 1984
AIM: Domain of digital technology (computer, industrial automation, instrumentation) Executing authority: informatic — SEI
METHOD: Market reserved with
— Absolute preference for national companies
(= 100 % of voting capital)
— Prohibition of foreign companies in segment of mini-computer
— Registration of companies
— Authorization of import programs and licences

As the technical tendency in Telecommunication and Instrumentation is towards digital Technology, activities are ever more submitted to SEI-Control.

„Bei allen meinen Plänen geht es immer darum, komplexe Lösungen zu finden: Wie können wir unsere Produktpalette noch besser modifizieren; wie können wir unsere Absatzmärkte erschließen; wann sollen wir dort mit welchem Produkt präsent sein? Dabei geht es auch um die Frage, wann ist der richtige Zeitpunkt gekommen, unsere Aktivitäten im Ausland auf eine neue Tochtergesellschaft zu übertragen?" erläutert Albrecht Wandel.

11 Erfolg und Kommentar

Das schwäbische High-Tech-Unternehmen hat sich im Wettbewerb gegen die ganz Großen auf dem Weltmarkt behauptet. Es hat Zukunftsmärkte erschlossen, gegenüber denen unser Land unbedeutend wirkt. Trotzdem wissen die Verantwortlichen, daß Qualität Zukunft bedeutet. Und hier werden die Mittelständler vom deutschen Monopolisten „Bundespost" täglich gefordert.

Wandel & Goltermann geht geschickt vor: Das Produktmarketing entwickelt nicht nur konkrete Vorstellungen über neue Produkte und deren Marktaussichten. Es begleitet alle Erzeugnisse auch während ihrer gesamten Lebensdauer und registriert alle Verbesserungswünsche.

Wesentliche Aufgaben des Produktmarketings sind, den Markt auf seinen Zukunftsbedarf auszuloten, Ideen für die Meßgeräte von morgen zu finden, neue Produkte anhand von Rahmenpflichtenheften zu definieren.

Produktmarketing-Chef Frank Coenning konkretisiert: „Unser Vertrieb ist im wesentlichen regional orientiert, die Produktbetreuer dagegen kümmern sich um „ihr" Gerät. Marketing und Vertrieb ergeben so eine Matrixorganisation mit optimaler Kundenbetreuung."

Das Plus dieser sich überlappenden Organisationsform: Wandel & Goltermann kann flexibel agieren, denn die große Kundennähe schafft optimale Markt- und Problemkenntnisse.

Eine nicht zu unterschätzende Quelle aller dazu benötigten Informationen ist die Mitarbeit in nationalen und internationalen Gremien, in denen über die Normung künftiger Nachrichtenübertragungssysteme entschieden wird.

Die Konzeption ist aufgegangen. Das Unternehmen kann weltweit flexibel operieren. Es beschafft sich auch bei ungünstigen Bedingungen Mittel und Wege um zu bestehen, Durststrecken zu meistern, Entwicklung zu betreiben. Es ist gelungen, ein vielschichtiges, kundennahes Netz aufzubauen, das unabhängig von zeitweiligen Entwicklungen ist. Aber im Erfolg wird nie vergessen: Das Produkt bestimmt die Strategie.

Spinnereien als Hauptzielgruppe
ZWEIGLE-Textilprüfgeräte sind in Indien Qualitätsgaranten

von Dieter Zweigle

1   Das Unternehmen
2   Die neueste Prüfgerätegeneration
3   Warum Indien?
4   Der indische Markt und seine Rahmenbedingungen
5   Die Ausgestaltung des Marketingmix
5.1 Produktselektion
5.2 Kommunikationspolitik
5.3 Kundendienstpolitik
6   Resultate und Kommentar
7   Schlußfolgerungen

1 Das Unternehmen

Die Leitung des 1919 gegründeten Familienbetriebes liegt heute in den Händen von Dipl.-Ing. Dieter Zweigle.

Das Unternehmen begann mit Kammreparaturen für Kämmaschinen und der Anfertigung neuer Kämme.

Seit dieser Zeit gingen von der Firma Zweigle immer neue Entwicklungen in der Textilprüfung aus, so daß eine weite Produktpalette entstand, die sich über preiswerte mechanische Geräte bis hin zu computergesteuerten Prüfautomaten erstreckt.

Mit 54 Mitarbeitern ist Zweigle heute ein mittelständisches Unternehmen, das zu den führenden Unternehmen in dieser Branche zählt.

Den Erfolg des Unternehmens spiegelt die Tatsache wieder, daß seit 1984 eine jährliche Umsatzsteigerung von 15 % verwirklicht werden konnte.

Der durchschnittliche Exportanteil lag dabei bei ca. 84 %. Die wichtigsten Abnehmerländer sind innerhalb der europäischen Gemeinschaft zu finden, doch auch asiatische Länder wie Taiwan und Hongkong sowie im Jahr 1988 besonders auffallend Ägypten entwickelten sich zu intensiven Handelspartnern.

Für den Export ihrer Garne und Textilien in die EG wird diesen Ländern eine Qualitätskontrolle abverlangt, die sie mit Hilfe dieser neuesten Textilprüfmaschinen durchführen können.

2 Die neueste Prüfgerätegeneration

An dieser Stelle soll zunächst einmal näher auf die Produktpalette der Firma Zweigle eingegangen werden. Bei den nachfolgend beschriebenen Geräten handelt es sich nur um die neueste Generation der Garnprüfgeräte. Faser-, Stoff- und Teppichprüfgeräte bilden einen bescheidenen Anteil am Produktionsprogramm. Es soll deshalb auf diese Geräte nicht näher eingegangen werden.

Der Star der neuesten Prüfgerätegeneration ist der Drehungsprüfautomat D 302 für Einfach-Garne. Es handelt sich um eine Entwicklung der dritten Generation. Dieser Prüfautomat ermöglicht die vollautomatische Prüfung der im Produktionsverlauf aufgebrachten Umdrehungen an Garnen aller Art. Die ermittelten Meßdaten werden ausgedruckt, können jedoch auch zur weiteren Informationsaufbereitung über die eingebaute Schnittstelle RS 232 C an einen Computer weitergegeben werden. Der Drehungsprüfautomat wurde 1988 auf der Hannover Messe von einer internationalen Jury mit dem „if" Prädikat für gute Industrieform ausgezeichnet.

Abb. 1: Drehungsprüfautomat D 302 für Einfach-Garne

Eine weitere Neuentwicklung stellt das Haarigkeitsmeßgerät G 565 dar.
Es handelt sich hier um ein Gerät zur Messung der von der Garnoberfläche abstehenden Fasern.

Wie auch die Drehungsprüfung dient die Haarigkeitsmessung dem Spinner sowohl zur Kontrolle seines Garnes, z. B. zur Kontrolle der Gleichmäßigkeit des Garns, sowie zur Kontrolle seiner Produktionsmaschinen. Verschlissene Teile der Spinnmaschine hinterlassen „Spuren" auf dem Garn.

Mit Hilfe des Haarigkeitstesters werden abstehende Fasern mit einem einzigen Durchlauf in 12 Längenzonen gezählt. Das Ergebnis ist auf dem Bildschirm in Zahlenwerten und einem Balkendiagramm sichtbar. Ein ermittelter Haarigkeitsindex bietet eine schnelle und einfache Vergleichsmöglichkeit.

Abb. 2: Haarigkeitsmessung G 565

Zur Bestimmung der Garnnummer bietet das Haus Zweigle mehrere Prüfgeräte bzw. Prüfgerätekombinationen an. Die Varianten Vorgarnmeßrolle, Garnweife mit einer Textilwaage oder in Verbindung mit einer elektronischen Waage und Tischrechner HX 20 stellen die umfassendste Lösung dar, da mit diesen Geräten die Garnnummer an Faserbändern, Vorgarnen, Garnen und Feingarnen ermittelt werden kann.

Außerdem ist auch das Flächengewicht von Stoffen bestimmbar. Schlupf und Verstrecken wird bei der neuen Motor-Meßrolle vermieden. Die elektronische Längenmessung erfolgt berührungslos und präzise. Ebenso exakte und reproduzierbare Meßergebnisse lassen sich durch die Motor-Garnweife L 232 erzielen. Die Präzisions-Haspel ist nach DIN 53830 geprüft. Mit Hilfe der Textilwaage kann direkt die Nummer mit entsprechender Statistik für mehrere Tests ausgedruckt werden.

Eine Gruppenstatistik und Histogrammdarstellung ermöglicht zusätzlich die Kombination elektronische Waage und Tischrechner HX 20.

Auch für die Bestimmung der Garnnummer kann die Firma Zweigle einen Prüfautomaten anbieten. Vollautomatisch wird das Garn aufgehaspelt, gewogen und die Garnnummer bestimmt. Durch integrierte Software wird eine statistische Auswertung der Meßergebnisse ermöglicht.

Abschließend soll noch kurz das Labordatenerfassungssystem „Texdata" angesprochen werden, das nun ausgereift der Kundschaft angeboten werden kann. In enger Zusammenarbeit mit dem Transfer-Zentrum „CAD/CAM in der Textiltechnik" der FH Reutlingen wurde ein System entwickelt, mit dem es möglich ist, alle im Textillabor anfallenden Daten zu registrieren, zu archivieren und nach allen Gesichtspunkten der Textilnorm auszuwerten. Die Software ist so aufgebaut, daß sich das Laborpersonal sehr leicht zurechtfindet und mit Hilfstexten die Vorgehensweise erlernen kann.

Prüfprotokolle für die einzelnen Meßreihen, ebenso Prüfberichte, die verschiedene Prüfungen an einer Qualität wiedergeben und Langzeitstatistiken sind einige der Auswertungen, die das System bietet.

3 Warum Indien?

Anhand des aufgeführten Schwerpunkts der von der Firma Zweigle hergestellten Prüfgeräte wird deutlich, daß es in erster Linie Spinnereien sind, die als Zielgruppe in Frage kommen.

Unterzieht man diese Zielgruppe einem weltweiten Vergleich bezüglich ihrer Spindelkapazität, so stellt Indien mit der 1984 weltweit höchsten verfügbaren Kapazität von ca. 25 Mio. Spindeln ein immenses Potential dar. Diese Tatsache spricht für sich und erklärt eine tiefere Überprüfung der Absatzchancen in diesem Land, nachdem trotz 10jähriger Marktpräsenz über einen indischen Vertreter in Bombay der Umsatz auf niedrigem Niveau stagnierte.

4 Der indische Markt und seine Rahmenbedingungen

Indien erstreckt sich über eine Gesamtfläche von 3 287 590 km^2. Damit ist es das siebtgrößte Land der Erde; mit einer Bevölkerung von über 800 Mio Einwohnern steht es an 2. Stelle weltweit. Die ungeheure Armut (31 % der städtischen und 51 % der ländlichen Bevölkerung leben unter dem Existenzminimum) verbunden mit Tradition und Religion machen eine Familienplanung unmöglich.

Der Vielfalt der Religionen und Völker entspricht die Fülle der Sprachen. Es gibt 220 verschiedene Sprachen, 15 davon sind offiziell anerkannt, wobei sie sich in Wort und Schrift unterscheiden. Die Religion spielt nach wir vor eine große Rolle, auch im Geschäftsleben. Die Delegation von Arbeiten und auch die Umgangsformen unterscheiden sich erheblich von dem uns Gewohnten und machen am schnellsten und deutlichsten klar, daß Geschäfte in diesem Land sehr viel Geduld erfordern.

Für das Indiengeschäft ist die Berücksichtigung der Politik des Landes und damit vor allem seine Importpolitik von entscheidender Bedeutung.

„Swaraj" (Selbständigkeit) im wirtschaftlichen Bereich war das Ziel, nachdem die politische Selbständigkeit 1947 Wirklichkeit wurde. Seit Anfang der 80er Jahre ist ein Kurswechsel spürbar, doch die vielgepriesene Liberalisierung der indischen Wirtschaft wird meist mißverstanden.

Es handelt sich vor allem um eine Liberalisierung im Sinne einer Erweiterung für Indien und die indische Wirtschaft. Im Vordergrund stehen Ziele wie Wettbewerb, Leistung, Rentabilität, Wachstum, Modernisierung und High Technology. Aus diesen Zielen der Liberalisierung lassen sich nur indirekte Chancen für das Ausland ableiten.

Ein Export nach Indien und dessen Erfolg wird in erster Linie durch die Importpolitik bestimmt. Offiziell ist diese auf 3 Jahre festgeschrieben, faktisch ändert sie sich laufend.

In der Regel benötigt der Käufer zur Einfuhr von Kapitalgütern eine Importlizenz. Von dieser Regel weichen Güter ab, die unter OGL (Open General Licence) eingeführt werden dürfen. Die Importe müssen dann lediglich gemeldet werden, und dem Kunden wird der mühsame Weg durch die indische Bürokratie erspart.

Die Liste der unter OGL einführbaren Kapitalgüter ist in Appendix I Teil B sowie in Appendix VI der Importpolitik aufgeführt (erhältlich bei der Deutsch-Indischen Handelskammer, Oststr. 84/II, 4000 Düsseldorf 1, Tel. 0211/360597—8, Tx 8581496 igcc d). Außer dieser Liste, die Erleichterung bringt, enthält der Appendix I, Teil A die Aufzählung aller Kapitalgüter, deren Import nahezu ausgeschlossen ist. Es handelt sich hierbei um Produkte, die in Indien produziert werden.

Textilprüfgeräte können nicht unter OGL eingeführt werden, sondern sind im Normalfall über das Antragsverfahren einer Importlizenz einzuführen. Manche Geräte stehen sogar auf der oben erwähnten Liste „of Restricted Items of Capital Goods". Bei näherer Betrachtung dieser Aufzählung muß man leider feststellen, daß die Bezeichnungen oft so unpräzise formuliert sind, daß beim Import von Waren, deren Bezeichnung einem Produkt Indiens entspricht, dessen Technology-Niveau aber mit dem indischen Produkt nicht zu vergleichen ist, große Schwierigkeiten auftreten, die bis hin zur Ablehnung der Importlizenz führen.

Dies betrifft vor allem mittlere indische Unternehmen, die nicht exportieren und deren Einfluß begrenzt ist. Betriebe, die einen hohen Exportanteil vorweisen, sind weitgehend von den Beschränkungen der Importpolitik ausgenommen. Die indische Textilindustrie leidet nach wie vor unter den Folgen des vierjährigen Streiks.

Die Textilpolitik weckt diesbezüglich Hoffnungen auf Besserung, doch mußte erkannt werden, daß die hohen Spindelzahlen nicht mit einem entsprechenden Bedarf gleichzusetzen sind.

Für Spezialmaschinen, wie sie von der Firma Zweigle hergestellt werden, ist natürlich das Qualitätsbewußtsein bezüglich der Endprodukte maßgebend für den Absatzerfolg.

Betriebe, die am Export z. B. in die EG interessiert sind, müssen zwangsläufig einem gewissen Qualitätsstandard entsprechen. Wie aber verhält es sich diesbezüglich bei der Mehrheit der Textilbetriebe in Indien, die nach wie vor nur für den Binnenmarkt produzieren?

In welcher Häufigkeit werden Qualitätskontrollen überhaupt durchgeführt? Nicht zu vergessen ist auch die Berücksichtigung der geringen Lohnkosten und ihre Konsequenzen.

Einige Fragen über Bekanntheitsgrad, Exportanteil sowie die Durchführung von Qualitätskontrollen wurden mit Hilfe einer direkten Befragung, durch die Marktforschung unseres Vertreters und durch den Austausch der Erfahrungen und Ergebnisse beantwortet. Anhand dieser Gespräche und Ergebnisse wurde festgestellt, daß Erfolge auf dem indischen Markt direkt mit einer intensiveren Marktbearbeitung verknüpft sind.

5 Die Ausgestaltung des Marketingmix

5.1 Produktselektion

Gemäß der Importbeschränkungen erfolgte eine Selektion der Prüfgeräte. Der indische Vertreter beschränkte sich zunächst auf ein Gerät, in dem er aufgrund seiner Marktforschung die größen Absatzchancen einräumte. Dies beurteilte er nach dem Verhältnis von Preis und Technology-Stand sowie der Nicht-Existenz auf dem indischen Markt.

Seine Bemühungen richteten sich auf die Aufnahme des Gerätes in die OGL (Open General Licence) Liste.

5.2 Kommunikationspolitik

Anzeigen finden in Indien große Beachtung, da Zeitungen als Informationsquelle ersten Ranges zu betrachten sind.

Da eine Anzeige in Indien günstiger erstellt werden kann und so marktspezifischen Anforderungen eher entspricht, wurde der indische Vertreter angewiesen, eine entsprechende Anzeige in Auftrag zu geben. Außerdem konnte so in der Anzeige deutlich auf den Vertreter hingewiesen werden, so daß der einheimische Ansprechpartner problemlos gefunden werden kann.

Die Anzeige wurde in der bekanntesten indischen Textilfachzeitschrift gemäß dem Ergebnis der Direktumfrage, „The Indian Textile Journal" veröffentlicht.

Zur Unterstützung wurde eine umfangreiche Presseinformation an diese Zeitschrift weitergeleitet, die im November 1987 erschien. Gerade rechtzeitig um die potentiellen Kunden auf die Teilnahme der Firma Zweigle an der ITME 88 (International Textile Machinery Exhibition) in Bombay hinzuweisen.

Die Messe bot Gelegenheit zur ersten persönlichen Kontaktaufnahme mit einer vergleichsweise großen Anzahl potentieller Kunden. Zum Stichwort Messe scheinen einige Anmerkungen notwendig. Der Erfolg der Messe lag nicht zuletzt an der guten Vorarbeit, die ein Geschäftsfreund, der außerdem Vertreter für Zweigle-Geräte in einem europäischen Land ist, während der Messen 1980 und 1984 leistete.

Er betreute den Aufbau des Messestands und übernahm die Ausstellung der Textilprüfgeräte in diesen Jahren. Aus diesen Erfahrungen heraus war es im Jahr 1988 dann möglich, dem Vertreter den Aufbau zu überlassen. Dieser Erfahrung ist es auch zu verdanken, daß die Geräte rechtzeitig vom Zoll abgefertigt waren und der Stand 2 Tage vor der Messe nahezu fertiggestellt war. All dies darf in Indien keineswegs als selbstverständlich angesehen werden. Ausländischen Ausstellern, die mit einem Messe-unerfahrenen Vertreter zusammenarbeiten, ist anzuraten, die Waren mindestens 6—8 Wochen vor Messebeginn mit Luftfracht zu versenden und den Aufbau des Messestandes von mindestens einem Mitarbeiter für den Zeitraum von 10 Tagen vor Messebeginn zu beaufsichtigen.

Die Auflagen, die ausländischen Ausstellern für die Teilnahme an Messen gemacht werden, sind sicherlich *schikanös*. Dennoch ist es ratsam, sich bis ins Detail an die Vorschriften zu halten.

Die Teilnahme an der ITME 88 eröffnete außerdem Gelegenheit zum persönlichen Kennenlernen der Mitarbeiter der Vertretung.

Neben den oben erwähnten Aktivitäten wurden und werden von der Firma Zweigle Directmailing-Aktionen durchgeführt, die sich aufgrund der gesammelten Erfahrungen an der Importpolitik in Indien orientieren. Dies bewirkt, daß eine weltweite Directmailing-Aktion nur dann auch in Indien durchgeführt wird, wenn das Directmailing-Objekt mit der Importpolitik konform geht.

Eine weitere Selektion erfolgt im Bereich der Zielgruppe. Adressen werden ausselektiert, wenn die Chance auf Erfolg nahezu Null ist. Im konkreten Fall bedeutet dies, daß bei Aktionen für Prüfautomaten Betriebe aussortiert werden, deren Produktionskapazität zu gering ist, wobei deren Absatzmarkt Berücksichtigung findet. Die Selektion wird in Zusammenarbeit mit dem Vertreter durchgeführt.

Bei der Auswahl eines Vertreters sollte auf seine soziale Stellung geachtet werden, vor allem welcher Kaste er angehört. Dies kann entscheiden, ob dem Vertreter Türen zu Entscheidungsträgern geöffnet werden oder verschlossen bleiben.

Neben der Kastenzugehörigkeit ist seine Verbindung zu öffentlichen Stellen sehr wichtig.

Gute Beziehungen öffnen manchmal sogar die Schranken für Waren, die eigentlich nicht importfähig sind.

5.3 Kundendienstpolitik

Kundendienst nimmt weltweit an Bedeutung zu. Sind früher Geräte einfach ausgeliefert worden, fordern heute immer mehr Kunden Aufstellung und Einweisung auch einfacher Geräte. Die Selbstschulung per Bedienungsanleitung tritt immer weiter in den Hintergrund.

Glücklicherweise verfügt der indische Vertreter bereits über ein weit gestreutes Netz an Servicestellen. Zur Nutzung dieser Einrichtungen werden indische Techniker verstärkt in Reutlingen geschult. Vor Ort begleiten sie den Techniker der Firma Zweigle, um Probleme gemeinsam zu lösen, bis sie in der Lage sind, Reparaturen selbständig auszuführen.

6 Resultate und Kommentar

Erst durch die an der ITME 88 geführten Gespräche mit den Mitarbeitern der Vertretung wurden Probleme deutlich, die bisher in den Überlegungen unberücksichtigt blieben.

Wichtigste Erkenntnis war der Mangel an Verständnis für die Prüfgeräte, deren Anwendungsmöglichkeiten und deren Technologie. Dieser Mangel muß durch regelmäßige Schulungen beseitigt werden, deren Termin festgelegt wurde. Für den Import der neuesten Prüfgerätegeneration, allen voran der automatische Drehungsprüfautomat, wurde erkannt, daß vorrangig 100 %ige Exportfirmen und deren indische Zulieferfirmen in Frage kommen. Für Betriebe mit einem hohen Exportanteil hat Qualität Priorität, der Importzoll ist auf etwa 1/4 des sonst üblichen Zollsatzes gesenkt und die Häufigkeit der durchgeführten Tests sowie die Erfordernis zuverlässiger Meßergebnisse lassen gute Absatzchancen erwarten.

Textilbetriebe, die nur auf den Inlandsmarkt ausgerichtet sind, stehen nicht unter dem Druck, Endprodukte gemäß internationaler Qualitätsanforderungen zu liefern. Demzufolge begnügen sich viele Unternehmen mit einfachsten Handgeräten (deren Präzision äußerst zweifelhaft erscheint), da eine Vielzahl von Arbeitskräften zur Verfügung steht und das niedrige Lohnniveau keinen Anlaß zur Anschaffung eines Automaten gibt.

In diesem Zusammenhang sei noch einmal darauf hingewiesen, daß reine Exportfirmen in Freihandelszonen Geräte beziehen dürfen, die aufgrund der Importpolitik unter den Restricted Items geführt werden und dadurch im Regelfall keinen Absatz in Indien finden.

Exportfirmen stellen noch eine kleine Minderheit dar. Doch die Exportpolitik Indiens, die Exporte durch hohe steuerliche Vergünstigungen und Subventionen etc. fördert, wird langfristig den Anteil der exportorientierten Betriebe erhöhen, so daß der indische Markt als Zukunftsmarkt für die neue Prüfgerätegeneration betrachtet werden kann, der sicherlich noch große Chancen bietet.

Der Kontakt zu diesen Betrieben wird daher intensiviert, indem Anfragen dieser Betriebe auf Directmailings, Annoncen oder nach Messen besondere Beachtung und Nacharbeit erfahren. Ein Außendienstmitarbeiter der Firma Zweigle, der vor allem dem Kunden die technischen Details besser näher bringen kann als der indische Vertreter, wird regelmäßig Kundenbesuche vornehmen, wobei auch eine Wartung vorhandener Geräte durchgeführt wird.

Bezüglich der ausschließlich Binnenmarkt-orientierten Unternehmen wurde eine andere Strategie entwickelt. Da der indische Vertreter schon seit längerem Interesse an der Produktion eines halbautomatischen Prüfgerätes zeigte, das von der Einfuhr ausgeschlossen ist, wurden ihm die entsprechenden Konstruktionszeichnungen zur Verfügung gestellt. Die Vermarktung des Gerätes wurde ihm unter dem Namen seiner Firma Prestige sowie Zweigle in Indien gestattet.

Die Firma Zweigle importiert den mechanischen Teil des in Indien produzierten Gerätes. Bei der Preisstellung wurde die unentgeltliche zur Verfügung gestellte Konstruktionszeichnung berücksichtigt. Dadurch wird erreicht, daß sich der Bekanntheitsgrad der Firma Zweigle auf dem indischen Markt erhöht und dem indischen Vertreter durch den Verkauf dieses preisgünstigen „indischen" Produkts die Tür zu neuen Kunden geöffnet wird.

So erhält er die Möglichkeit auch andere Zweigle-Geräte vorzustellen, die importfähig sind.

Es sei hier angemerkt, daß Vorteile einer Maschine nicht nur im Bereich der Rationalisierung liegen dürfen. Verkaufsargumente auf dem indischen Markt sind: Modernisierung, Qualität, Überprüfung der Produktionsanlagen und daraus resultierende Kostenersparnis.

7 Schlußfolgerungen

Trotz seiner 10jährigen Marktpräsenz in Indien ist die hier kurz skizzierte Marktbearbeitung noch sehr jung, da der Markt erst durch die Liberalisierungspolitik Aufmerksamkeit erweckte. Ein endgültiges Resumée über Mißerfolg und Erfolg ist daher sicherlich verfrüht.

Aufgrund der ständigen Veränderungen unterworfenen Importpolitik bleibt Indien ein unberechenbares Exportland. Positiv feststellbar ist das stärkere Bemühen seitens des Verkäufers der Vertretung, das auf den nun vorhandenen persönlichen Kontakt zurückzuführen sein dürfte.

Sollte die Produktion in Indien zur Zufriedenheit verlaufen, könnten weitere Überlegungen zur Ausdehnung der Produktion von Geräten anstehen, die ebenfalls vom Export ausgeschlossen sind.

Flexibilität als Schlüssel zum chinesischen Markt
Eine Produktionskooperation des INSTITUT DR. FÖRSTER

von Jörg Fuß

1   Das Institut Dr. Förster, Reutlingen
2   Komplexe Anlagen zur Prüfung von Ölfeldrohren
3   Die Ausgangssituation vor dem Markteintritt in die VR China
4   Fallbeispiel Anshan
4.1 Der erste Schritt
4.2 Erste Verhandlung
4.3 Zweite Verhandlung
4.4 Verhandlungsratschläge
4.5 Vertragsabschluß
4.6 Probleme und Erfolg

1 Das Institut Dr. Förster, Reutlingen

Als Wissenschaftler, Erfinder und Unternehmer ist der Gründer des Unternehmens, Prof. h. c. Dr. phil. Dr. Ing. E. h. Friedrich Förster ein Pionier auf dem Gebiet der zerstörungsfreien Prüf- und Meßtechnik. 1948 entschloß sich Dr. Förster als damals mittelloser Physiker im Alter von 40 Jahren, ein privates Unternehmen, das „Institut Dr. Förster" zu gründen.

Die ersten Prüf- und Meßgeräte wurden in der Dachkammer eines Wirtshauses in Eningen bei Reutlingen gebaut, unter den schwierigen Bedingungen der Nachkriegszeit. Nach der Verlegung nach Reutlingen ist aus den kleinen Anfängen ein Technologie-Unternehmen mit weltweit über 500 Mitarbeitern geworden, die Präzisionsgeräte entwickeln, herstellen und in die ganze Welt exportieren.

Die Pionierleistungen, auf denen Erfolg und Ruhm des Hauses beruhen, liegen zu einem guten Teil in der Schaffung und dem Ausbau verschiedener Gebiete der zerstörungsfreien Werkstoffprüfung begründet. Dabei handelt es sich in erster Linie um das elektromagnetische Wirbelstromverfahren, das magnetische Streuflußverfahren, das Magnetographieverfahren zur Fehlerprüfung sowie eine Reihe von Prüfmethoden zur magnetischen und elektromagnetischen Qualitätsprüfung von metallischen Werkstoffen, schließlich eine Reihe von physikalischen Meßverfahren, darunter die 1939 erfundene *Förster*-Sonde, eine bahnbrechende Innovation auf dem Gebiet der Magnetfeld-Meßtechnik, die die herkömmlichen Hall-Sonden zum damaligen Zeitpunkt an Empfindlichkeit um das hunderttausendfache (!) übertraf und eine weltweite Verbreitung gefunden hat, auch in der Raumfahrt. Über 200 Patente sind auf den Namen Friedrich Förster eingetragen.

Im Laufe der Zeit erwies es sich als zweckmäßig, nicht nur Meßgeräte zu liefern, sondern ganze Anlagen für die prüftechnische Überwachung besonderer Fertigungsvorgänge, etwa beim Walzen von Knüppeln, Rohren, Stangen und Drähten, zu bauen. Durch diese Ausweitung des Programms gewann auch der Maschinenbau ständig an Bedeutung.

Heute werden komplexe Fertigungsprozesse von *Förster*-Multiprüfsystemen mit Hilfe moderner Computer-Technologie gesteuert. Dabei geht es um Datenspeicherung, geeignete Ergebnisdarstellung, Ableitung von Steuergrößen für die Prozessoptimierung, letztlich um Qualitätssteuerung, die laufend die Kenntnisse über den Fertigungsprozeß verbessert.

Das Institut Dr. Förster besteht heute aus einer Gruppe äußerst leistungsfähiger Unternehmen in Reutlingen, Frankreich, USA, Brasilien, sowie Beteiligungen in Japan und Italien. Persönlichkeit, Initiative und Kreativität des Firmengründers und seiner Mitarbeiter haben das Unternehmen zum Weltmarktführer auf dem Gebiet der elektromagnetischen zerstörungsfreien Werkstoffprüfung gemacht. Für Flexibilität des Unternehmens bürgen heute Martin Förster, der 1972 die Firmenleitung übernahm, und mit ihm ein kompetentes Führungsteam.

Das Institut Dr. Förster ist ein Musterbeispiel eines international tätigen mittelständischen Familienunternehmens. Seit Jahrzehnten liegt die Exportquote bei ca. 80 %, mit einer dadurch bedingten hohen Abhängigkeit von globalen Konjunkturschwankungen. Die gleichmäßige Verteilung der Aktivitäten über die wichtigen Industrieregionen der Erde und eine mit Flexibilität gepaarte Zähigkeit und Ausdauer in der Markteinführung neuer Verfahren und der Erschließung neuer Märkte ist die seit jeher erfolgreiche Internationale Marketingstrategie des Unternehmens.

1988 entfielen 19 % der Auftragseingänge auf das Inland, 16 % auf das übrige Westeuropa, 25 % auf die europäischen Staatshandelsländer, 14 % auf Japan, 12 % auf Amerika und 14 % auf das übrige Ausland, bei einem konsolidierten Gruppenumsatz von ca. 72 Mio. DM weltweit.

Zur weiteren Steigerung der Flexibilität wurde 1988 nach einer sorgfältigen analytischen Phase eine Neuorganisation des Hauses vorgenommen: es wurden zwei Profit-Center geschaffen, von denen sich das eine auf die Entwicklung, den Bau und Vertrieb von Standard-Geräten konzentriert, während das andere Profit-Center für die Entwicklung, Projektierung, den Zusammenbau der Komponenten und den Vertrieb komplexer Anlagen verantwortlich ist. Beide Profit-Center arbeiten weltweit in einem engen Verbund, da die jeweiligen Produkte und Märkte sehr stark miteinander verflochten sind.

2 Komplexe Anlagen zur Prüfung von Ölfeldrohren

Ein wichtiges und umfangreiches Anwendungsgebiet für *Förster*-Prüf- und Meßsysteme ist die Rohrprüfung. Geprüft werden überwiegend hochwertige Rohre, die als Erdöl- und Erdgasleitungen, in Kraftwerken oder in der chemischen Industrie eingesetzt werden.

Besonders hohen Belastungen sind die bei der Erdölexploration eingesetzten Stahlrohre, speziell die Bohrrohre ausgesetzt. Sie müssen extremen Druck- und Torsionsbeanspruchungen genügen, da sie oft viele tausend Meter in die Erde getrieben werden, wobei ein Bruch des Bohrgestänges außerordentlich hohe Kosten verursacht. Daher wurden weltweit die Normen des American Petroleum Institutes (API) als Qualitätsmaßstab für die bei der Ölförderung eingesetzten Stahlrohre eingeführt. Die Aufgabe der Prüfsysteme-Hersteller war es, Verfahren zu entwickeln, die diese Qualitätsanforderungen möglichst genau, zuverlässig, wiederholbar, automatisch und kostengünstig garantieren konnten. Daß sich der Überlebenskampf der weltweiten Stahlrohrhersteller überwiegend auf dem Qualitätssektor abspielt, ist für das Institut Dr. Förster eine ständige Herausforderung, auf diesem Spezialgebiet die Nase weltweit immer etwas weiter vorn zu haben als die internationale Konkurrenz.

Es ist typisch für das Unternehmen, daß es den Fortschritt seiner Abnehmer mitträgt. Gerade auf dem Sektor der Rohrprüfung besteht deshalb eine sehr enge Zusammenarbeit mit den Qualitätsexperten der großen internationalen Rohrhersteller in der Bundesrepublik, in Italien, Frankreich, USA und Japan. Aus dieser Zusammenarbeit entstanden äußerst komplexe, automatisch gesteuerte Prüflinien, wie sie in diesem Fallbeispiel vorgestellt werden.

Die nachfolgende Abbildung zeigt vereinfacht das Herz einer solchen Anlage, die Prüfstrecke. Sie besteht aus einem ca. 7 m langen, höhenverstellbaren Tisch, auf dem die Prüf- und Meßsysteme montiert sind. Diese werden je nach Qualitätsanforderungen und Kundenwunsch zusammengestellt. Eine Prüfeinrichtung, die für die bei der Erdölförderung eingesetzten Bohr-, Futter- und Steigrohre eingesetzt wird, besteht aus folgenden Teilen:

1. *Transomat,* ein Streuflußprüfgerät zur Prüfung auf Querrisse an der inneren und äußeren Rohroberfläche. Das Streuflußverfahren nutzt den

Effekt, daß der Magnetische Fluß in einem magnetisierten Stahlkörper aus dem Material austritt, wenn er auf einen Oberflächenfehler trifft. Dieser Streufluß kann mit empfindlichen Magnetsonden detektiert werden. Querrisse sind bei Torsionsbeanspruchung besonders gefährlich.

2. *Rotomat,* ein Streuflußprüfgerät zur Prüfung auf Längsrisse, ebenfalls an der inneren und äußeren Oberfläche.
3. *Magnatest,* ein magnetinduktives Verfahren zur Kontrolle der Legierungszusammensetzung (Materialverwechslung) und Wärmebehandlung.
4. Ein *Laser*-Meßgerät zur genauen Messung des Durchmessers.
5. Ein *Ultraschall*-Meßgerät zur kontinuierlichen Messung der Wanddicke. Die Exzentrizität darf bei Nahtlosrohren ein bestimmtes Maß nicht überschreiten.

Förster-Prüfstrecke zur Prüfung von endenverdickten Ölfeldrohren mit A Querfehlerprüfung, B Längsfehlerprüfung, C Wanddikkenmessung

Da Bohrrohre häufig verdickte Enden haben, müssen sie bei der Prüfung aus Gründen möglichst vibrationsarmen Transports zentrisch geführt werden, was eine zusätzliche Anforderung an die zwischen den Prüfgeräten installierten Führungs- und Treibeinheiten stellt. Ebenso erfordern diese verdickten Enden zusätzliche mechanische und steuerungstechnische Maßnahmen in den Prüfgeräten selbst.

Aus diesen Gründen bildet die Prüfstrecke eine Einheit, in der ein erhebliches Know-how an Prüftechnik, Feinwerktechnik, Elektronik, Steuerungstechnik und Mechanik steckt. Eine Funktionsgarantie für die Prüfgeräte muß daher immer eine entsprechend funktionierende mechanische Peripherie — die Prüfstrecke — mit einschließen.

Diese Peripherie umfaßt jedoch auch die vor und hinter der Prüfstrecke gelagerten Transportsysteme. Diese bestehen vor der Prüfstrecke aus einem Einlauf-Transportsystem, hinter der Prüfstrecke aus einer Zwischen-Sortiereinrichtung, einer zusätzlichen Rohrenden-Prüfstation und einem Auslauf-Transportsystem mit End-Sortiereinrichtung. Die Gesamtlänge dieser Anlage, die für 13 m lange Rohre ausgelegt ist, beträgt 58 m.

Aus Gründen der Wirtschaftlichkeit war von den Kunden des Instituts Dr. Förster immer mehr der Wunsch nach einer „Komplett-Lösung" laut geworden, also einer Paket-Lieferung aus einer Hand. Darin liegen entscheidende Vorteile:

— Übergeordnete, rechtzeitige Koordination aller Einzelaufgaben des Gesamtprojektes durch *Förster,*
— nur eine einzige „Schnittstelle" zwischen Kunde und *Förster*
— zentrale Verantwortlichkeit bei *Förster,*
— optimale technische Gesamtlösung durch Abstimmung der Einzelkomponenten zueinander,
— kurze Montage und Inbetriebnahme (steckerfertige Lieferung),
— minimales Funktionsrisiko, da Erprobung und vollständiger Funktionsnachweis vor der Lieferung bei *Förster,*
— klare Garantie- und Service-Situation.

Besonders bei Abnehmern, die mit derartigen hochtechnologischen Anlagen weniger Erfahrung haben, bietet sich eine solche Komplett-Lösung an. Doch gerade diese Abnehmer leiden gewöhnlich unter besonderer Finanzknappheit und wollen daher möglichst viel der eigenen Mechanik- und Elektrik-Kapazität in das Projekt einbringen. Da das Institut Dr. Förster jedoch in der Regel die Funktionsgarantie für die komplette Linie zu übernehmen hat, erfordern derartige „Joint Venture"-Projekte ein besonderes Fingerspitzengefühl. Das folgende Fallbeispiel soll eine solche Produktionskooperation erläutern.

3 Die Ausgangssituation vor dem Markteintritt in die VR China

Förster-Produkte leisten seit Ende der sechziger Jahre in der Volksrepublik China ihren zuverlässigen Dienst. Damals wurde eine einfache Rohrprüfeinrichtung „huckepack" über einen italienischen Anlagebauer nach China verkauft. Die siebziger Jahre waren durch die Zusammenarbeit mit zwei Hongkonger Handelshäusern gekennzeichnet. Diese Zusammenarbeit kam jedoch aufgrund der politischen und wirtschaftlichen Situation in der Volksrepublik über das „Sparflammenstadium" nicht hinaus. Von einer systematischen Bearbeitung des chinesischen Marktes konnte daher keine Rede sein.

Die globale Strategie des Unternehmens legte es bei der beginnenden Öffnungspolitik der Chinesen Ende der siebziger Jahre nahe, sich aktiv um den chinesischen Markt zu kümmern. Da ein mittelständisches Unternehmen aber mit seinen knappen personellen und finanziellen Ressourcen sorgfältig umgehen muß, empfahl sich ein systematisches Vorgehen auf lange Sicht.

Die Gründe für den Markteintritt lagen auf der Hand: China war der Markt der Zukunft, ein riesiges Potential, das erst am Anfang einer nicht abzusehenden Entwicklung stand. Der Zeitpunkt war günstig, das Entwicklungstempo atemberaubend und die Chancen deutscher Produkte gegenwärtig vergleichsweise gut[1].

Erste Marktforschung von Deutschland aus versprach einen gewaltigen Bedarf an Qualitätsstahl für die Zukunft. Obwohl China schon 1982 der viertgrößte Stahlproduzent der Welt war, mußten z. B. alle für die Erdölförderung erforderlichen Stahlrohre importiert werden, weil die Rohre aus chinesischer Produktion nicht den API-Normen genügten. Ähnlich verhielt es sich mit Eisenbahnschienen und vielen anderen Stahlhalbzeugprodukten.

Die Modernisierung der Stahlindustrie stand daher in den letzten Fünfjahresplänen immer ganz vorne in den Prioritätslisten. Und Modernisierung heißt in China vor allem Erhöhung der Qualität der Produkte. Hier war für das Institut Dr. Förster ein Markt, an dem man nicht vorbeigehen konnte.

Ein großer „Huckepack-Auftrag" für das Stahlwerk Bao-Shan bei Shanghai über die Mannesmann Demag Hüttentechnik (MDH) war 1979 ein weiteres Signal gewesen, den eigenen Markteinstieg im Anlagenbau zu verstärken. Qualifizierte und fernosterfahrene Mitarbeiter waren vorhanden, der Markteinstieg mußte keine kurzfristigen Gewinne versprechen und *Förster* war in China in einschlägigen Kreisen bereits kein Unbekannter mehr.

China ist dafür bekannt, daß es mit einer großen Gießkanne bearbeitet werden muß, mit der das Angebot über dieses Riesenland gestreut wird. Für einen mittelständischen Betrieb ist jedoch eine Repräsentanz in Hongkong oder in der Volksrepublik eine fast notwendige Voraussetzung, da die Marktbearbeitung ein hohes Maß an Präsenz voraussetzt und dem persönlichen Verkauf in China eine Schlüsselrolle zukommt. Die ersten Aktionen waren:

— 1982 Vertretervertrag mit *Jebsen*/Hongkong als Exklusivvertreter für die VR China,

---

[1] *J. Fuß,* Eintritt in den chinesischen Markt, Wegweiser für Klein- und Mittelbetriebe, Der Innovationsberater, Freiburg 1987.

— Schulung der Jebsen-Mitarbeiter,
— gemeinsame Akquisitions-Reisen durch die VR China,
— Ausstellung auf Messen,
— Teilnahme an Konferenzen des Chinesischen Instituts für Zerstörungsfreie Werkstoffprüfung,
— intensive Korrespondenz mit allen bekannten potentiellen und bisherigen Abnehmern,
— gute persönliche Betreuung aller chinesischen Delegationen, die während der Öffnungspolitik sehr zahlreich nach Deutschland kamen.

Die gesetzten Ziele waren klar: *Förster* wollte in China eine möglichst investitionsarme Politik betreiben und die Intensität des Engagements nur in kleinen Schritten vorantreiben. Chinesische Gesprächspartner haben oft die utopische Vorstellung, daß für das ausländische Unternehmen ein Joint Venture die Grundvoraussetzung sei, um überhaupt mit China ins Geschäft zu kommen. Es ist falsch, solchen Forderungen entrüstet entgegenzutreten, vielmehr sollte man sich gegenüber allen angesprochenen Kooperationsmodellen offen zeigen und darüber diskutieren. Oft genug münden solche freundschaftlichen Kontakte letztlich in ein Liefergeschäft.

Wollte man also den chinesischen Markt auf lange Sicht selbständig bearbeiten, mußte man zu Zugeständnissen hinsichtlich Kooperation bereit sein. Es war die einzige Chance, mit den Chinesen auf Dauer ins Geschäft zu kommen. Die Risiken einer solchen Kooperation konnte nur im Einzelfall beurteilt werden, da über solche Projekte keine Erfahrungen aus der Vergangenheit vorlagen.

4 Fallbeispiel Anshan

Das folgende Beispiel steht für viele andere, die seit der Entscheidung für einen selbständigen Markteintritt in der VR China verwirklicht wurden.

Es begann 1981 mit einer Anfrage eines europäischen Anlagenbauers, ein Richtangebot für zwei Projekte in China abzugeben. Es ging um die Modernisierung der beiden Stahlwerke in Baotou in der Inneren Mongolei, südlich der Wüste Gobi am Gelben Fluß gelegen, und in Anshan in der Provinz Liaoning, dem Ruhrgebiet Chinas. Wie es für solche Projekte über Großanlagenbauer typisch ist, bestand kein Kontakt zwischen dem Institut Dr. Förster und den chinesischen Verhandlungspartnern.

Aufgrund der langjährigen guten Zusammenarbeit mit dem Generalunternehmer und dessen China-Erfahrung konnte man jedoch auf eine optimale Bearbeitung dieser Projekte vertrauen.

Ohne in konkrete Vergabe-Verhandlungen einbezogen worden zu sein, wurde 1982 die Auftragsvergabe des Projekts Baotou bekannt: Die Chinesen hatten die komplette Prüftechnik bei der amerikanischen Konkurrenz bestellt. Das war eine sehr bittere Nachricht, hatte doch *Förster* nicht einmal Gelegenheit gehabt, die Überlegenheit der eigenen Technik darzustellen.

4.1 Der erste Schritt

Für das Projekt Anshan wurde daher eine Änderung der Strategie beschlossen. So schnell wie möglich mußte mit den chinesischen Entscheidungsträgern Kontakt aufgenommen werden. Mit Hilfe der Vertretung in Hongkong wurde das Institut Dr. Förster dann kurz darauf zur direkten Angebotsabgabe aufgefordert.

Diese Aufforderung war zum damaligen Zeitpunkt ungewöhnlich, da große Modernisierungsprojekte bisher mit möglichst wenigen ausländischen Partnern verwirklicht worden waren. Im Zuge der chinaweiten Dezentralisierungspolitik wurden jedoch in dieser Zeit Importentscheidungen zunehmend in die Provinzen verlagert. Das Stahlwerk Anshan im Nordosten Chinas, unweit der Grenze zu Korea, ist mit seinen 200000 Beschäftigten das größte Stahlwerk der Welt (Produktion ca. 7 Mio. t). Um dem Stahlwerk mehr Bewegungsfreiheit geben zu können, hatte kurz zuvor die für den Anshan Iron & Steel Complex zuständige Außenhandelsorganisation China Metallurgical Import & Export Corporation (CMIEC) eine Zweigstelle in Anshan eröffnet, die CMIEC Angang Branch. Durch den direkten Kontakt mit den Mitarbeitern dieser Zweigstelle war es der Stahlwerksleitung in Anshan möglich, ihre eigenen Vorstellungen zu verwirklichen, z. B. den Kontakt zu kleineren Lieferanten im Ausland aufzunehmen, um deren Flexibilität für eine schnelle Modernisierung der Produktionseinrichtungen zu nutzen.

War die bisherige Strategie aller in China operierenden ausländischen Unternehmen, den Kontakt zu den Außenhandelsorganisationen in Peking zu pflegen, wurde es im Zuge der Dezentralisierung also mehr und mehr notwendig, den direkten Kontakt mit den Betrieben in den Provinzen zu suchen, gleichzeitig aber auch die letztlich beschaffende Außenhandelsorganisation ausfindig zu machen und anzusprechen. Man mußte also zweigleisig vorgehen. Das ist auch heute noch in China sehr wichtig. Die in Betracht kommenden Glieder der Entscheidungskette sind also frühzeitig zu ermitteln. Die genaue Kenntnis des Beschaffungsprozesses beim potentiellen Abnehmer ist besonders in China Grundvoraussetzung für jegliches Investitionsgütermarketing.

Im vorliegenden Falle waren die Entscheidungsstrukturen vergleichsweise einfach, hatten doch die Endabnehmer der Anlage selbst das Außenhandelsrecht und konnten ohne Rücksprache mit der Zentrale in Peking Verträge bis zu einer Höhe von 10 Mio. US $ abschließen.

4.2 Erste Verhandlung

Die erste Verhandlung in Anshan war die entscheidende Begegnung. Obwohl die chinesischen Gesprächspartner von Anfang an deutlich machten, daß der Preis der gesamten Einrichtung im Vergleich zum Angebot des amerikanischen Konkurrenten viel zu hoch sei, gaben sie den deutschen Gästen ausreichend Gelegenheit, ihr Konzept vorzustellen. Zur Überraschung der deutschen Gäste wurden deren Erklärungen sogar als nicht detailliert genug empfunden, und man gab zu verstehen, daß man beim nächsten Mal alles sehr viel genauer wissen wolle. Im übrigen erwarte man ein neues Angebot, das preislich wesentlich unter dem Erstvorschlag liegen müsse, sonst würde das Angebot keine Berücksichtigung finden können. Die Frage der *Förster*-Mitarbeiter, ob die chinesische Seite daran Interesse hätte, Teile der Anlage in China zu fertigen, wurde nach kurzer, heftiger Diskussion mit einem deutlichen Ja beantwortet.

Dieser Vorschlag stellte sich später als der Schlüssel zum Erfolg heraus. Da die Volksrepublik China ihren langfristigen Bedarf an Technologie nur unter Inkaufnahme einer hohen Auslandsverschuldung decken kann, werden vor allem Ideen und Know-how gesucht: Technologien, Verfahrenstechniken, Management-Wissen. Chinas Handelspartner müssen also zur Vermittlung von technischem Wissen bereit sein, häufig auch von Management- und Marketing-Wissen. Kooperationen der verschiedensten Arten sind als Varianten des China-Geschäfts in Betracht zu ziehen. Flexibilität in diesen Punkten ist einer der großen Vorteile der deutschen Unternehmen im internationalen Vergleich.

4.3 Zweite Verhandlung

Der zweite Besuch in Anshan Ende 1983 begann bereits wesentlich freundschaftlicher. Nach langer Flugreise und zwanzigstündiger Bahnfahrt nach Anshan wurden die beiden *Förster*-Mitarbeiter am Bahnhof in Anshan vom Vize-Direktor des Stahlwerkes begrüßt und nach einem Essen und zweistündiger Mittagspause zu einem Besuch der heißen Quelle in der Nähe von Anshan eingeladen. Der Reiz dieser Quellen besteht darin, bei negativen Außentemperaturen ein Bad in 50 °C heißem Thermalwasser zu nehmen.

Eine erste Besprechung entsprach dem üblichen chinesischen Verhandlungsritual. Dem Austausch von höflichen Komplimenten folgten die Vorstellungen über den Ablauf der nächsten Tage, verbunden mit zahlreichen mehr oder weniger versteckten Anspielungen auf die Erwartungen, die man an den Verlauf der Verhandlungen knüpfte. Diese Bemerkungen betrafen vor allem die Angebotspreise und die geforderten „very detailed informations" über die angebotenen Prüfsysteme.

Bei solchen Einführungsgesprächen ist es in China ratsam, sehr aufmerksam zuzuhören, um auch den Originalton der Verhandlungspartner bewußt aufzunehmen, da er viel Information über die Absichten und Erwartungen der chinesischen Seite enthält. Das durch den Dolmetscher Übersetzte ist dann dazu in Beziehung zu bringen, damit Anspielungen ins rechte Licht gerückt werden können. Die Qualität des Dolmetschers spielt dabei oft eine entscheidende Rolle. Sich frühzeitig das Wohlwollen eines guten Dolmetschers zu sichern, kann im Laufe einer Verhandlung eine wichtige Rolle spielen.

Verhandelt wurde im Gästehaus des Stahlwerks, das gleichzeitig das einzige Hotel der Zweimillionenstadt Anshan ist. Die Gespräche begannen täglich pünktlich um 8.30 Uhr, wobei die etwa zwanzig chinesischen Gesprächspartner zu diesem Zeitpunkt bereits vollzählig versammelt waren und sich jedesmal wie ein Mann erhoben, wenn die deutschen Gäste den Verhandlungsraum betraten.

Wie üblich begannen die Verhandlungen mit dem technischen Teil, in dem die *Förster*-Mitarbeiter eine ausführliche Erläuterung der angebotenen Produkte abzugeben hatten. Das gesamte Angebot vom Umfang eines Leitz-Ordners lag ins Chinesische übersetzt vor, jeder der anwesenden Chinesen hatte sich auf einen Teil des Angebots spezialisiert, je nach der Funktion im Stahlwerk, die der Betreffende ausfüllte. Durch zahlreiche Zwischenfragen und grundsätzliche Erklärungen gestalteten sich die Gespräche mühsam und langwierig.

Täglich um 12.00 Uhr war Mittagspause, gefolgt von der zweistündigen „shiu-shi", der Mittagsruhe der Chinesen, die eine sehr angenehme Sitte ist und den Kopf auch nachmittags voll funktionsfähig erhält. Das Abendessen erfolgte pünktlich um 18.00 Uhr.

Die Abende waren mit der Vorbereitung auf den nächsten Verhandlungstag ausgefüllt. Entweder mußten Preise neu zusammengestellt oder zu Hause angefragt oder bis in die späte Nacht größere Passagen des Angebotes neu geschrieben werden. Mehrere Angebotskopien, Schere, Klebstoff und zur Verfügung gestellte Schreibmaschinen waren wichtige Hilfsmittel. Sehr oft wurde auch nach dem Abendessen mit den Gastgebern in kleinem Kreis weiterverhandelt.

4.4 Verhandlungsratschläge

Die Annahme, nach einer zweitägigen ausführlichen detaillierten Vorstellung des Projektes in den kommerziellen Teil der Verhandlung einsteigen zu können, stellte sich schnell als Illusion heraus: es ging erst richtig los! Alle Fragen, die überhaupt denkbar sind, wurden gestellt, in jeder denkbaren Weise. Alles wurde in Frage gestellt, nichts als gegeben akzeptiert.

Europäer sind es gewohnt, ein Problem dadurch zu analysieren, daß sie es weitestmöglich in seine Einzelprobleme zerlegen, die nach deren Lösung zu einem funktionsfähigen Ganzen zusammengesetzt werden. Nicht so ein Chinese! Ihm ist ein Denken in Bausteinen suspekt, er muß das Ganze im Auge behalten und ständig die Konsequenzen berücksichtigen, die ein Teilproblem auf das Ganze hat. An diese eher synthetische als analytische Denkweise muß sich ein Europäer erst gewöhnen.

Dazu kommen Sprachbarrieren, technische Verständnisschwierigkeiten und unterschiedliche Zielvorstellungen, die Verhandlungen mit chinesischen Partnern langwierig und mühsam gestalten. Man sollte sich dabei nicht unter Zeitdruck setzen lassen, weder von den Verhandlungspartnern noch von Verpflichtungen zu Hause. Aus diesem Grund wird von den Gastgebern das Mitbringen des Ehepartners gerne gesehen.

Es empfiehlt sich, den Inhalt des abgegebenen Angebotes möglichst vollständig parat zu haben. Auf abweichende Aussagen wird man unweigerlich festgenagelt. Auch die Notizen und Audioaufzeichnungen früherer Verhandlungen liegen den Gesprächspartnern vor, selbst wenn diese vor Jahren geführt wurden. Aus diesem Grund sollten auch immer dieselben Mitarbeiter nach China entsandt werden. Die Zuständigkeit für den chinesischen Markt innerhalb des Unternehmens ist daher frühzeitig und langfristig festzulegen. Nur durch wiederholte Besuche ein und derselben Person kann sich diese in der Hierarchie der Sympathie hocharbeiten.

Angebot, Präsentation und Verhandlungsstrategie wollen gut vorbereitet sein. Entscheidend kommt es darauf an, den Endabnehmer von der Leistungsfähigkeit des Produktes zu überzeugen und ein besonderes Vertrauensverhältnis zu ihm aufzubauen. Dieses gelingt um so leichter, je mehr an technischen Kenntnissen und Know-how vermittelt wird. Wie weit man hier gehen kann, sollte vorher im eigenen Haus festgelegt werden.

Auch wenn der psychische Druck noch so groß wird: Nervosität oder Ungeduld müssen zuhause bleiben. Beides gilt in China als Schwäche und als „Gesichtsverlust". Drei wichtige Regeln:
— Verlieren Sie nie Ihr Gesicht!

— Lassen Sie nie Ihr Gegenüber das Gesicht verlieren! (Indem Sie ihn beispielsweise zwingen, Nein sagen zu müssen)
— Geben Sie ihm Gesicht!

Für die europäischen „Langnasen" sind diese Regeln oft nicht einfach einzuhalten. Aber auch die Chinesen haben manchmal ihre Probleme damit.

Abgesehen von den Preisverhandlungen empfiehlt sich Großzügigkeit, beispielsweise wenn es darum geht, Delegationen für Schulungszwecke oder zur Besichtigung von Referenzanlagen nach Deutschland einzuladen. Solche Reisen vor oder nach Vertragsabschluß sind eine allgemein praktizierte Regelung, um sich von der Leistungsfähigkeit des Lieferanten zu überzeugen. Der dabei oft geäußerte Wunsch nach einem dreimonatigen Aufenthalt ist meist nicht so gemeint. Es stellt sich außerhalb der offiziellen Verhandlungen dann häufig heraus, daß auch andere deutsche Firmen in dieser Zeit besucht werden sollen, und die eigene Firma nur der administrative Grund für die Reise ist. Bei richtiger Vorgehensweise lassen sich dabei viele Freunde gewinnen, sowohl auf chinesischer Seite als auch bei nahestehenden deutschen Unternehmen.

Die Begegnungen außerhalb der offiziellen Verhandlungszeiten sind nicht zu unterschätzen. Die chinesischen Verhandlungspartner scheuen sich nicht, sich in festgefahrenen Verhandlungsphasen abends ins Hotelzimmer ihrer ausländischen Gäste einzuladen und Hintergrundinformationen zu übermitteln. Bei eigenen Problemen sollte man sich dieses Mittels also ebenfalls bedienen und die Verhandlungspartner aufs Zimmer bitten. Schon manche knifflige Situation wurde in China „auf der Bettkante" bereinigt.

Genauso wichtig sind die alle drei bis vier Tage stattfindenden Banketts, zu deren Finanzierung sich die verhandelnden Parteien abzuwechseln haben. Die dabei zu erlebende Herzlichkeit und der großzügig genossene Mou-tai entschädigt für die Mühen der letzten Tage und bietet hervorragende Gelegenheiten der persönlichen Begegnung. Die deutschen Gäste werden in China (wie in Japan auch) regelmäßig zum Singen aufgefordert, wobei es immer einen guten Eindruck macht, z. B. alle Strophen von „Sah ein Knab ein Röslein stehn" auswendig singen zu können, da die Gefahr, daß einer der chinesischen Dolmetscher das Lied vollständig kennt, relativ groß ist.

4.5 Vertragsabschluß

Nach einer Woche intensiver Verhandlungen, lediglich unterbrochen durch einen halbtägigen Ausflug in das nahe Gebirgsland, hatte sich ein Vertragsgerüst herauskristallisiert. Täglich bis nach Mitternacht verfaßten die beiden Förster-Mitarbeiter auf zur Verfügung gestellten Schreibmaschinen geänderte Vertragsteile, um sie am anderen Morgen diskutieren zu können. „You worked very hard" war die stets bewundernde Bemerkung über das Durchhaltevermögen der deutschen Gäste.

Einige herausragende Streitpunkte dieser Verhandlung:

Dokumentation

Die Diskussion der in China zu fertigenden Anlagenteile war das herausragende Thema. Bei maßgeschneiderten Anlagen, die erst nach Auftragserteilung konstruiert werden, ist der Erwartungshorizont der chinesischen Partner bezüglich genauem Umfang und Lieferdatum der Dokumentation unermeßlich hoch. Oft wird schon im Angebotsstadium Detailengineering verlangt, Ersatz- und Verschleißteillisten, Kabellisten, ausgefeilte Steuerungskonzepte u. a. m. Es bedurfte langer und geduldiger Gespräche, um den chinesischen Freunden klarzumachen, daß derartige Datails erst lange nach Vertragsabschluß geliefert werden können. Es sei hier jedoch betont, daß eine gute Dokumentation mit möglichst vielen technischen Details, z. B. von einer ähnlichen schon realisierten Anlage, die Auftragschance beträchtlich erhöht.

Chinesische Normen

Die Konstruktion der in China zu fertigenden Anlagenteile sollte nach chinesischen Normen erfolgen. Auf die Frage nach dem Inhalt dieser Normen wurden die entsprechenden Schriften beigebracht: mehrere tausend Seiten in chinesischer Sprache. Nach einem erheiternden Disput über Kosten und Garantie einer Übersetzung wurde von chinesischer Seite sehr bald der Vorschlag gemacht, nach unseren DIN-Normen zu konstruieren. Diese sind nämlich erstaunlicherweise fast vollständig in China erhältlich, selbstverständlich ins Chinesische übersetzt. Die Sprache der Zeichnungen wurde deutsch/englisch vereinbart.

Gewährleistung

Die genaue Festlegung der technischen Garantien ist im Bereich der zerstörungsfreien Materialprüfung oft sehr schwierig. Manch eine Verhandlung droht an diesem Punkt zu scheitern, weil oft in letzter Minute unerfüllbare Forderungen auf den Tisch kommen. Hier fehlt den chinesischen Gesprächspartnern oft die nötige Erfahrung und das Gefühl für das technisch Mögliche. Nicht nur die Garantiewerte, sondern vor allem die Verfahren zum Nachweis dieser Werte sind dabei dann strittig, also die Dauer der Garantiefahrt, die Anzahl der Wiederholungsmöglichkeiten, die Reproduzierbarkeit, die Konsequenzen bei Nichterfüllung der Werte. Die erforderlichen Argumente müssen im voraus sorgfältig zurechtgelegt werden.

Vertrauen

Daraus ergab sich eine wichtige Konsequenz: Da ein wesentlicher Teil der Prüfeinrichtung, für die das Institut Dr. Förster die Funktionsgarantie zu übernehmen hatte, in China gefertigt werden sollte, barg das Projekt ein erhebliches Risiko. Woher nahmen die Förster-Mitarbeiter das Vertrauen, daß die chinesischen Partner diese relativ komplexe Transportmechanik mit der geforderten Genauigkeit und Zuverlässigkeit zu fertigen in der Lage waren? Eine kleine Begebenheit mag das verständlich machen: Als die komplette Layout-Zeichnung der Anlage (DIN A0 mit zahlreichen Detailabmessungen) das erste Mal auf dem Tisch lag, machte ein chinesischer Konstrukteur nach wenigen Sekunden die deutschen Gäste auf einen Fehler in der Zeichnung aufmerksam. Mehrere Abmessungen ergaben zusammen nicht die richtige Gesamtabmessung. Andere Begebenheiten dieser Art erzeugten auf deutscher Seite die Überzeugung, daß man es mit gewitzten Ingenieuren zu tun hatte, die aus den gegebenen Möglichkeiten das Maximale herauszuholen imstande waren.

Komponenten

Der in China zu fertigende Anlagenteil enthielt mehrere Komponenten, die den chinesischen Partnern Kopfzerbrechen machten. So erforderte es beispielsweise mehrere Stunden, um die Funktionsweise und den Aufbau eines frequenzgesteuerten Drehstrommotors zu erklären. Nachdem einer der chinesischen Verhandlungspartner vorgab, zu wissen, worum es sich handle, waren sich alle Chinesen einig, daß solche Motoren in China selbstverständlich erhältlich seien, daß man aber diese Komponenten lieber aus Deutschland beziehen wolle. Genauso verhielt es sich mit Winkelgetrieben, Luftzylindern, Spindel-Hub-Elementen, Steuerungssensoren und später sogar Kugellagern. Daraus ergab sich ein erfreulicher Zusatzauftrag.

Ausbildung

Man kann davon ausgehen, daß jeder Liefervertrag in China auch entsprechende Beratungs- und Ausbildungsleistungen enthält, die nicht nur in den chinesischen, sondern auch in den deutschen Betrieben durchgeführt werden sollen. Die Vorteile für beide Seiten sind offensichtlich:
— Die Unabhängigkeit vom Lieferantenservice schafft ein hohes Maß an Sicherheit und entlastet die Kundendienstabteilung des deutschen Lieferanten.

— Service-Schulungen in Deutschland sind ein sehr beliebtes Verhandlungsergebnis, denn das Nachholbedürfnis der Chinesen an Auslandsreisen ist nach wie vor unermeßlich groß.
— Ausbildung ist ein Stück Technologietransfer, also eine Form von Kooperation, die dem chinesischen Endabnehmer die Argumentation gegenüber seiner beschaffenden Außenhandelsorganisation erleichtert.

Im vorliegenden Fall wurde ein mehrwöchiges Bedienungs- und Servicetraining bei *Förster* in Reutlingen vereinbart, und zwar an den Anlagen, die nach Anshan geliefert wurden. Dieses Training erfuhr dann während der Montage in China nochmals eine Auffrischung.

Fertigungsunterstützung

Es war von Anfang an klar, daß es zu riskant war, einfach 1000 Fertigungszeichnungen in der Hoffnung nach China zu schicken, daß daraus eine funktionsfähige Anlage dieser hohen Komplexität entstehen würde. Daher wurde ein zusätzliches Training für die besten chinesischen Konstrukteure vereinbart. Sie sollten an den fertiggestellten Zeichnungen in Deutschland trainiert werden und bei dieser Gelegenheit die Abnahme erteilen. Danach ging das Fertigungsrisiko auf die chinesische Seite über, d. h. ein späteres Nicht-Funktionieren der Anlage ging auf chinesisches Konto, außer die Zeichnungen wären nachweislich fehlerhaft gewesen. Indirekt lag also die Funktionsgarantie weiterhin in den Händen des *Institut Dr. Förster*.

Hier tritt das Hauptrisiko einer solchen Zusammenarbeit zutage, denn es ist für den deutschen Lieferanten ein schwacher Trost, wenn eine derartig wichtige Referenzanlage durch Schuld des Käufers nicht zur Funktion gebracht werden kann. Er ist letztlich gezwungen, durch entsprechende Unterstützung, d. h. kostspieligen Personaleinsatz vor Ort das Projekt zum Erfolg zu führen. Ob ein solches Risiko eingegangen werden kann oder nicht, bleibt letztlich dem Beurteilungsvermögen des deutschen Mitarbeiters vor Ort überlassen. In jedem Falle tut er gut daran, von vornherein einige unvorhergesehene Reisen für solche Zwecke einzukalkulieren, soweit es die Wettbewerbsverhältnisse zulassen.

Finanzierung

Finanzierungskonditionen sind ein heikles Thema. Die Bank of China bestand bisher auf nicht marktgerechten Konditionen (7 % p. a. fest ohne Nebengebühren), wohl wissend, daß entsprechende Stützungen im Preis enthalten sein müssen. Selbst ein Walzwerk im Gesamtlieferwert von 2 Mrd. DM, für dessen Finanzierung sich bereits ein europäisches Bankenkonsortium gebildet hatte, wurde Anfang 1985 letztendlich auf Barzahlungsbasis abgeschlossen, abgesichert durch eine Zahlungsgarantie der Bank of China. 1987/88 schien sich eine größere Finanzierungsbereitschaft durchzusetzen, bis sich durch den Crash 1989 wieder die alte Linie durchsetzte.

Auch im vorliegenden Beispiel stand eine längerfristige Finanzierung nicht zur Debatte, im Gegenteil: die chinesischen Partner machten sogar ein Angebot mit hohen Anzahlungen, um die Rabattbereitschaft der *Förster*-Mitarbeiter zu erhöhen.

Rabatte

Es ist falsch, sich den Markteintritt in China mit hohen Einführungsrabatten zu erkaufen, denn eine Erhöhung der Preise bei Folgeaufträgen ist schwer durchsetzbar. Auch Messerabatte sind in China sehr langlebig und erschweren spätere Geschäfte. Eine hilfreiche Taktik kann sein, Preisdiskussionen bis zum allerletzten Ende der Verhandlungen aufzuschieben und bis dahin ein Höchstmaß an Vertrauen in die Leistungsfähigkeit der Produkte zu erreichen. Kommt es dann zu einer Rabattforderung, ist es hilfreich, alle im Laufe der Verhandlung gemachten technischen oder organisatorischen Zugeständnisse (Änderungen, Sonderwünsche, Hotelkosten, Verpflegung usw.) kostenmäßig aufzulisten und mit der Rabattforderung zu vergleichen. Für jede darüber hinausgehende Forderung sind entsprechende Gegenleistungen zu verlangen. Gute Vorbereitung mit einer Vielzahl von Argumenten und ein langer Atem, d. h. ein beharrliches, ausführliches und ausgedehntes Vortragen der einzelnen Punkte stärken die eigene Position und schützen vor überhöhten Forderungen.

Zahlungssicherung

Bis heute sind Akkreditive der Bank of China grundsätzlich und ausschließlich in China zahlbar gestellt, können also nicht von einer deutschen Bank bestätigt werden. Für den deutschen Exporteur hat das die unangenehme Konsequenz, daß sein Zahlungsanspruch gegen die Bank of China erst entsteht, nachdem die Lieferdokumente heil am Zahlungsort in China angekommen und von der Bank of China ordnungsgemäß und vorbehaltlos aufgenommen sind. Der Exporteuer steht damit also grundsätzlich für einige Wochen in einer sicherungsmäßig unangenehmen Position: Die Ware ist weg, die Dokumente sind weg und Geld ist weder da, noch besteht ein durchsetzbarer Zahlungsanspruch gegen die Bank of China. Zu Zeiten kritischer Devisensituation (1987/88) versuchte die Bank of China, Zahlungen so lange wie möglich zu verzögern. Seit der Vertrauenskrise im Juni 1989 sind solche Taktiken nicht mehr bekannt.

Zwei wichtige Ratschläge bei strapazierten Akkreditiven:
— Vereinbaren Sie als zahlungsauslösendes Dokument bei der Lieferung (z. B. FOB) außer den Schiffsladepapieren ersatzweise eine Spediteurübernahmebescheinigung (englisch FCR = Forwarding Agent Certificate of Receipt), um von der Ankunftszeit des chinesischen Schiffes unabhängig zu sein.
— Vereinbaren Sie für alle Zahlungen nach der Lieferung eine Spätestklausel, die Sie vor Verzögerungen aus Käuferschuld schützt, z. B. „Zehn Prozent nach Inbetriebnahme, spätestens jedoch 6 Monate nach Lieferung".

4.6 Probleme und Erfolg

Erwartungsgemäß waren die Probleme ausschließlich technischer Natur und glücklicherweise leicht lösbar. Wie kooperativ die chinesischen Partner bei den Problemlösungen waren, soll folgendes Beispiel verdeutlichen:

Als die chinesischen Konstrukteure bei ihrem Deutschlandaufenthalt das erste Mal mit den endgültigen Fertigungszeichnungen konfrontiert wurden, schüttelten sie nur den Kopf. Eine Zeichnung mit 10 verschiedenen Bauteilen war für die Fertigungsmannschaft in Anshan angeblich nicht lesbar. Die Situation war vertraglich nicht berücksichtigt worden. Schließlich erklärten sich die Gäste bereit, alle 1000 Zeichnungen in China zu vervielfachen mit der Erlaubnis, soweit möglich chinesische Normen zu berücksichtigen. Dieses Vorgehen erforderte eine zusätzliche Abnahme der chinesischen Zeichnungen durch deutsche Konstrukteure, was eine weitere Reise in das Reich der Mitte notwendig machte.

Trotz allen Bemühungen dauerte die Produktion des chinesischen Fertigungsanteils wesentlich länger als erwartet, und auch die Montage der gesamten Einrichtung konnte nicht in der vorgesehenen Zeit erfolgen. Durch die Vereinbarung von Spätestklauseln entstanden jedoch dadurch dem Institut Dr. Förster keine nennenswerte Nachteile.

Daß die Prüfeinrichtung seit der Inbetriebnahme im Jahr 1987 ihre Aufgabe fast störungsfrei erfüllt, werten beide Seiten als großen Erfolg. Schon während der Fertigungsphase traten Mitarbeiter des Anshan-Werkes auf nationalen Konferenzen auf, um ihr Qualitätskonzept bei der Fertigung hochwertiger Stahlprodukte vorzustellen. Die *Förster*-Prüfeinrichtung für Ölfeldrohre hatte darin einen zentralen Platz und damit Signalwirkung auf alle stahlverarbeitenden Betriebe in der VR China. Die Prüfeinrichtung war für den Anshan Iron & Steel Complex ein wichtiges Prestigeobjekt.

Die Installation eines derart komplexen Prüfsystems in einem Entwicklungsland wie der VR China stellt eine Referenz von größter Wichtigkeit dar, denn sie trägt wesentlich zur Sicherung eines großen Zukunftsmarktes bei, und das ist die VR China trotz der Tragödie vom Juni 1989 auch weiterhin. Die Handelsbeziehungen zwischen der Bundesrepublik und der VR China waren seit jeher starken Schwankungen unterworfen. Das darf jedoch nicht darüber hinwegtäuschen, daß der chinesische Markt langfristig die Bedeutung haben wird, die ihm aufgrund seines Bevölkerungs- und Rohstoffpotentials zusteht.

Aus diesem Grund ist es wesentlich, enge persönliche Kontakte, die durch solche gemeinsamen Projekte entstanden sind, auch in politisch schwierigeren Zeiten aufrechtzuerhalten. Das Beispiel Sowjetunion zeigt, daß Ausdauer in persönlichen Beziehungen ein wichtiger Faktor des heutigen Erfolges ist. Diejenigen Unternehmen machen heute in der UdSSR das Geschäft, die ihre Abnehmer seit 10 bis 20 Jahren kennen und eine Vertrauensbeziehung zu ihnen aufgebaut haben. Vielfach stehen alte Bekannte heute an der Spitze großer Industriekomplexe. Früher oder später wird es auch in China soweit sein.

Mit Ausdauer und Fleiß zum Auslandserfolg
Die ersten Schritte im Auslandsgeschäft der BURK HAUSTECHNIK

von Jörg Fuß

1 Export im Handwerk
2 Das Unternehmen Burk Haustechnik und sein Angebot
3 Die Ausgangssituation vor dem Einstieg
4 Die ersten Schritte
5 Die Hindernisse
5.1 Fremdsprachen
5.2 Transport
5.3 Die Rolle des Sponsors
5.4 Landessitten
5.5 Unfälle
5.6 Abnahmen
5.7 Finanzierung
5.8 Personal
6 Zukunftsaspekte

1 Export im Handwerk

In der Annahme, daß die meisten Leser bislang wohl wenig Kontakt zum Handwerk gehabt haben, seien dem Beitrag einige Ausführungen über die Stellung und Situation des Handwerks in der Bundesrepublik und insbesondere in Baden-Württemberg vorangestellt, vor allem was den Export betrifft.

Das Handwerk in der Bundesrepublik ist gemessen an der Beschäftigtenzahl und den Wertschöpfungsquoten der zweitstärkste Wirtschaftsbereich. Die Zahl der Beschäftigten im Handwerk beträgt etwa 3,8 Millionen, die einen Gesamtumsatz von ca. 420 Milliarden DM erwirtschafteten.

Die Leistungen des Handwerks sind nicht nur auf die Binnenwirtschaft beschränkt. Schließlich besteht das Handwerk nicht nur aus Friseuren, Malern, Tischlern, Metzgern und Bäckern, die nur in wenigen Ausnahmefällen nennenswerte Auslandsumsätze erzielen. Bei der gegebenen differenzierten Ausgangslage im Handwerk kann es also nicht darum gehen, das Handwerk in seiner Gesamtheit an den Export heranzuführen. Wie bisher müssen auch künftig die Chancen dort wahrgenommen werden, wo die Voraussetzungen dazu gegeben sind: bei den Herstellern von Hochleistungsmaschinen, Pressen, Pumpen, Prüf- und Meßgeräten, chirurgischen Instrumenten, Laborausrüstungen und nicht zuletzt bei den zahlreichen Handwerksbetrieben im Baubereich.

Der gemeinsame europäische Binnenmarkt nach 1992 betrifft das Handwerk in hohem Maße. Das erklärte Ziel der Kommission der Europäischen Gemeinschaft ist ein Raum ohne Grenzen, durch den die europäische Wirtschaft und ihre internationale Wettbewerbsfähigkeit neuen Auftrieb erhalten wird. Der Wettbewerb zwischen den Unternehmen wird sich beleben, weil die Vorteile eines großen Raumes ohne Grenzen genutzt werden können und genutzt werden müssen.

Der stärkere Wettbewerb, die Abschaffung der Grenzformalitäten und der damit verbundene Zeitgewinn werden neben den vielen Harmonisierungen zu Kostensenkungen führen. Und vor dem Hintergrund eines Binnenmarktes von kontinentalem Ausmaß werden es die europäischen Unternehmen im Wettbewerb mit ihren amerikanischen und japanischen Konkurrenten aufnehmen können.

Das ist die Ausgangslage, die auch das Handwerk heute schon dazu zwingt, sich verstärkt mit einem Auslandsengagement zu befassen, um dem Wettbewerber zuvorzukommen und letztendlich die Nase vorn zu haben. Wer die Möglichkeiten ausläßt, die derzeitigen Chancen nicht nutzt und die neuen Wege nicht beschreitet, überläßt das Feld der leistungsfähigen in- und ausländischen Konkurrenz, die bereit ist, ihren Beitrag zur Bewältigung dieses dynamischen Strukturwandels zu leisten.

In Baden-Württemberg sind im Handwerk rund 800000 Mitarbeiter beschäftigt, die über 80 Milliarden DM Umsatz erzielen. Von den rund 100000 Handwerksbetrieben sind 1000 Unternehmen traditionell direkt im Export tätig. Addiert man zu diesem Direktexport die Zulieferleistungen des Handwerks für die Industrie, die von dort unmittelbar ins Ausland gehen, so wird ein Auslandsumsatz von 9 Milliarden DM vom Handwerk Baden-Württemberg's erbracht. 80000 handwerkliche Mitarbeiter sind also in diesem Bundesland im und für den Export tätig. Kenner des Handwerks halten diese Exportquote für viel zu gering und schätzen das Export-Potential der engagierten Unternehmen weit höher ein, als es dieser Quote entspricht: „Ein Auslandsumsatz von 9 Milliarden kann und darf für uns noch lange nicht das letzte Wort sein[1]!"

Es kommt darauf an, die Handwerksbetriebe über die aktuelle Entwicklung und ihre Marktchancen auf dem laufenden zu halten, dem Neuling die

---

[1] Vortrag von *Friedrich Burk,* Vizepräsident der Handwerkskammer Ulm, Kuratoriumsmitglied der Stiftung Außenwirtschaft und der Export-Akademie Baden-Württemberg, 1988.

Scheu vor dem Auslandsmarkt zu nehmen und sein Informationsdefizit abzubauen. Diese Schwierigkeiten versucht die vor Jahren von der baden-württembergischen Landesregierung gegründete Stiftung Außenwirtschaft auszuräumen. Durch Verzahnung und permanenten Gedankenaustausch mit dem Wirtschaftsministerium und der exportierenden Industrie verfügt diese Stiftung über neueste Exportdaten, genaue Marktübersichten und die Kenntnis der Wünsche und Erwartungen der ausländischen Kunden und deren Interesse an den Leistungen der einheimischen Handwerksbetriebe.

Solche Institutionen sind zwar wichtige Stützen, nützen jedoch wenig, wenn den Betrieben nicht die bestqualifizierten Mitarbeiter zur Bewältigung der vielfältigen Aufgaben im Export zur Verfügung stehen.

Hier beschreitet die Export-Akademie Baden-Württemberg zusammen mit den Handwerkskammern im Land mit dem Seminarzyklus „Export im Handwerk" neue Wege. In Kompakt-Kursen abends oder an Wochenenden können sich die motivierten Mitarbeiter schnell und effektiv auf ihre kommenden Aufgaben vorbereiten.

Die Tatsache, daß das Handwerk den Exportanteil steigern will, hat eine Reihe von Gründen.

Lange bevor der Begriff „Technologietransfer" Eingang in unsere Sprache gefunden hat, fand dieser schon immer zwischen Industrie und Handwerk statt. Zum Beispiel konnte den von den großen Firmen zunehmend gestellten Präzisionsforderungen durch die Fachkräfte im Handwerk immer entsprochen werden, und viele gute Ideen und entwickelte Lösungen, die in den Werkstätten kleiner Handwerksbetriebe entstanden sind, haben ihren Niederschlag in der Verbesserung zahlloser industrieller Konstruktionen gefunden. Viele Innovationen fanden durch diese enge Verflechtung ihre endgültigen Formen und kommen uns heute allen zugute.

Die Stärke des Handwerks liegt bei dieser Hand-in-Hand-Arbeit in der Flexibilität und Zuverlässigkeit. Durch die Fähigkeit, kurzfristig umdisponieren zu können, überwinden Handwerksbetriebe häufig die Engpässe in den Industrieunternehmen. Nach dem Gesetz „Folge dem Abnehmer" wird das Auslandsgeschäft immer mehr zur Selbstverständlichkeit.

Hochtechnologische Erzeugnisse haben in der Bundesrepublik mit die höchsten Exportquoten und einen bedeutenden Anteil im gesamten deutschen Außenhandel. Die stetig steigenden Anforderungen zwingen auch die Zulieferbetriebe, mit den Entwicklungen Schritt zu halten, wenn sie ihre Existenz nicht gefährden wollen. Die Folge sind ständig wachsende Maßstäbe an die Ausbildung der Mitarbeiter.

Handwerksexport ist keine Utopie, sondern hat im Gegenteil ganz reelle Chancen. Neue Märkte im Ausland zu erschließen und sich dem Prozeß des technologischen Wandels zu öffnen ist für das Handwerk der Zukunft genauso zwingende Notwendigkeit wie die Einführung neuer Technologien zur Erhaltung der Wettbewerbsfähigkeit im Liefer- und Leistungsangebot.

2 Das Unternehmen Burk Haustechnik und sein Angebot

Auch die Firma des Kreishandwerksmeisters Fritz Burk hat vor 60 Jahren klein angefangen. Inzwischen ist es der Ravensburger Handwerksbetrieb mit den größten Exportzahlen. Rund 20 Prozent der Produkte für Haustechnik (Sanitär, Heizung, Lüftung) gehen ins Ausland, in die Golfregion, nach Norwegen oder nach Rußland, und schlagen auch bei den Umsatzzahlen mit ca. 20 Prozent zu Buche. In manchen Jahren betrug die Exportquote gar bis zu 50 Prozent. Von den 230 Mitarbeitern sind zeitweise bis zu 60 Monteure im Ausland „auf Montage". Sie statten Krankenhäuser mit Sanitäranlagen und Großküchen aus, wie z. B. in Riad (Saudi Arabien), überbauen Fußballstadien mit Metalldächern wie in Doha (Qatar) oder fertigen Theaterkuppeln in Togo (s. Abb.).

Baustelle einer Theaterkuppel in Togo

Fritz Burk mißt der Ausbildung von jungen Handwerkern eine große Bedeutung bei und hat daher selbst ständig über 40 Lehrlinge im eigenen Betrieb als Nachwuchs. Der Firmenchef, der die Umsatzzahlen nicht verraten möchte, zum Erfolg seines Unternehmens: „Wir haben uns den Herausforderungen moderner Techniken und Verfahren, neuer Werkstoffe und der Elektronik gestellt und sind damals, vor 20 Jahren, mit vollem Risiko in den Export gegangen. Es hätte natürlich auch schief gehen können, aber wir hatten den richtigen Instinkt, und heute stehen wir gut da . . ."

3 Die Ausgangssituation vor dem Einstieg

Welche vordergründigen Überlegungen führen dazu, daß sich ein Handwerksbetrieb auf das Glatteis des Exportierens wagt? Wie kommt ein Betrieb, der bisher nur in der Bundesrepublik tätig ist, dazu, sich ohne Erfahrung und ohne Hilfe in ein solches Risiko zu stürzen? Will man der Konkurrenz zeigen, daß man einen großen Schritt voraus ist, ist es Neugier und Abenteuerlust oder ist es die berühmte unternehmerische Risikobereitschaft, ohne die ein Unternehmen immer durchschnittlich bleiben muß?

Laut Friedrich Burk war es von allem ein wenig. Der entscheidende Faktor war jedoch die Überzeugung, daß auf die Dauer die Arbeitsplätze des Unternehmens nicht zu sichern waren, wenn keine neuen Schritte erfolgten. Bereits seit etwa 1970/72 konnte der aufmerksame Beobachter der Bauwirtschaft feststellen, daß das geweckte Anspruchsdenken bei immer weniger Leistung dazu führen mußte, daß die öffentlichen Kassen leer waren, und daß dieses einen gravierenden Rückgang gerade in diesem Wirtschaftszweig auslösen mußte.

Zunächst war nur eine Sättigung des Wohnungsbaus zu registrieren, allerdings auf hohem Niveau von jährlich bis zu 700 000 Wohnungen in den Boomjahren. Doch sehr schnell nahm diese Zahl ab, heute sind es jährlich noch ca. 300 000. Die freiwerdenden Kapazitäten drückten im Laufe der Zeit immer stärker auf den Markt. Es blieb also nur die Entscheidung, rechtzeitig Entlassungen vorzunehmen oder einen anderen Ausweg zu finden.

Entlassungen kamen nicht in Frage, weil Burk einen Stamm ausgezeichneter langjähriger Fachleute beschäftigte, fast alle im eigenen Unternehmen ausgebildet. So blieben nur zwei Möglichkeiten:
1. Rechtzeitige Umstellung auf Marktlücken.
2. Erschließung neuer Märkte in der Bundesrepublik und im Ausland.
Burk hat beide Wege erfolgreich beschritten.

4 Die ersten Schritte

Daß Mitte der siebziger Jahre der Einstieg in den Export gelungen ist, verdankt das Unternehmen laut Friedrich Burk zwei wichtigen Umständen. Zum einen wurden die entscheidenden Schritte zu einem Zeitpunkt eingeleitet, als die Baukonjunktur im Inland blühte und noch kein Preisdruck in Sicht war. Vom Wettbewerb wurde die Gefahr nicht gesehen bzw. als nicht kritisch eingeschätzt, so daß sich die Konkurrenzunternehmen im Export weitgehend zurückhielten. Der zweite wichtige Umstand war die hohe Motivation der Mitarbeiter und ihr beispielhafter Einsatz während den ersten Jahren des Auslandsengagements. Arbeitszeiten von 80 Stunden pro Woche und mehr war in dieser Phase für alle Mitarbeiter mehr die Regel als die Ausnahme.

Ein Beispiel: In den islamischen Ländern ist bekanntlich der Freitag arbeitsfrei. Um möglichst wenig Zeit zu verlieren, flog das Burk-Team Freitag nachts in den Arabischen Golf, um tagsüber noch in der Firma präsent sein zu können, löste Samstag und Sonntag die Probleme vor Ort und flog Sonntag nachts wieder nach Hause. Das Auslandsgeschäft mußte zusätzlich zum ohnehin vollen Terminplan abgewickelt werden.

Insgesamt verfolgte Burk eine risikoarme und investitionsarme Politik und entschloß sich zunächst nur für den „Huckepack-Export", d. h. als Subunternehmer in Zusammenarbeit mit einem großen inländischen Konzern. Der Ruf des Unternehmens, die hervorragenden Referenzen und eine gelungene Präsentation führten schnell zu der Aufforderung, ein Direkt-Angebot abzugeben.

Bereits das erste Angebot über 1,5 Mio. DM im Scheichtum Qatar brachte auf Anhieb den Zuschlag. Friedrich Burk weiß heute, warum es so schnell ging: aufgrund der jungfräulichen Unerfahrenheit hatte das Unternehmen viel zu niedrige Preise angeboten.

Daß dieser Auftrag trotzdem mit einem für heutige Verhältnisse sehr guten Ergebnis abgewickelt werden konnte, ist der damals herrschenden Euphorie im Unternehmen zuzuschreiben, vergleichbar mit einer Art Aufbruchstimmung in der Pionierzeit. Inzwischen ist dem unlängst noch lokalen schwäbischen Bauunternehmen kein Staat in der Golfregion mehr fremd. Burk war inzwischen in fast allen europäischen Ländern aktiv, arbeitet derzeit in der Sowjetunion und steht kurz vor zwei Großaufträgen in der Türkei.

Die Installation von Luxuswohnungen für Angestellte internationaler Ölkonzerne zählt genauso zu den Auslandserfolgen wie die Montage mehrerer 100 000 Quadratmeter Dach- und Wandverkleidungen für Sportstätten und

Fabriken oder die Erstellung von Möbelfabriken und Hochregallagern bis zu 55 m hoch mitten in der Wüste. Der Rahmen der Arbeiten reichte vom Eindecken einer runden, architektonisch reizvollen Theaterkuppel in Togo bis zur Projektierung und Ausführung der Haustechnik in Krankenhäusern, Universitäten, Schulen und Ärztehäusern, von denen eines 90 Praxen beherbergte.

Im Jahre 1980 hatte Burk Haustechnik bereits einen Exportanteil von 50 % der Betriebsleistung.

5 Die Hindernisse

Anfangs bestand das Auslandsengagement fast nur aus dem Überwinden von Hindernissen. Viele für den Insider vielleicht banal klingenden Probleme waren jedoch für den unerfahrenen Neuling ernstzunehmende Hürden, die die Zeitpläne mitunter gehörig durcheinanderwirbelten. Einige Beispiele sollen diejenigen Leser, die derzeit vor ähnlichen Entscheidungen stehen, dazu motivieren, vor dem Abenteuer Export trotzdem nicht zurückzuschrecken.

5.1 Fremdsprachen

Nachdem die ersten Angebote abgegeben waren, tauchte die Frage auf, wer in der Firma eigentlich Englisch spricht. In den siebziger Jahren waren Englischkenntnisse in der Bevölkerung ohnehin nicht so verbreitet wie heute, schon gar nicht in einem Handwerksbetrieb. Das Durchforsten der Personalakten brachte wenig Erfolg. So wurde kurzerhand eine Englischlehrerin engagiert, die den Monteuren in Schnellkursen einige Grundbegriffe und Redensarten beibrachte, bevor sie zum erstenmal in Ausland geschickt wurden. Dazu wurden kleine Taschenrechner beschafft, die deutsche Worte ins Englische übersetzen und umgekehrt.

Ein größeres Problem war die einwandfreie technische Übersetzung der Angebote ins Englische. Hier hat sich schon manches Unternehmen die Finger verbrannt. Es geht darum, einen Übersetzer zu finden, der die vielen branchenspezifischen Begriffe einer bestimmten Technologie in beiden Sprachen kennt. Übersetzungsbüros sind damit häufig überfordert. Burk löste das Problem, indem befreundete Industriebetriebe, die über entsprechendes Fachpersonal verfügten, um Hilfe gebeten wurden. Daß dabei trotzdem erheiternde Ergebnisse entstehen können, zeigt das Beispiel Siederohr, was einmal als „gesottenes Eisen" übersetzt wurde.

5.2 Transport

CIF oder FOB sind für erfahrene Exportkaufleute das tägliche Brot, für den „Inlands-Handwerker" jedoch ein Buch mit sieben Siegeln. Woher soll er auch wissen, daß einzelne Kranbewegungen im Hafen erhebliche Mehrkosten verursachen? Und mit welcher Spedition arbeitet man am besten zusammen? Der renommierteste Frachtführer muß für bestimmte Routen nicht unbedingt der für das Unternehmen geeignetste und preiswerteste sein. Auch hier mußte Burk die verschiedensten Erfahrungen machen, bis nach vielen Jahren der richtige Partner gefunden wurde.

Selbst das richtige Ausfüllen der Kolli-Listen erfordert Erfahrung und Routine und muß erst gelernt werden. Hier können selbst kleine Fehler große Folgen haben. Beispielsweise passierte es in Algerien, daß eine ganze Lieferung im Zoll festgehalten wurde, weil die Packliste „diverse Schrauben und 1 Satz Schlüssel" enthielt. Es hätte „86 Schrauben und 12 Maulschlüssel der Größen . . ." heißen müssen. Diese Kleinigkeit brachte den Terminplan gehörig durcheinander, und wegen der vereinbarten Konventionalstrafe standen schmerzliche Folgen bevor. Es blieb nur der schnelle Flug zur Baustelle, um bei den entscheidenden Gesprächspartnern vorzusprechen, Hände zu schütteln und das Problem auf orientalische Weise zu lösen.

5.3 Die Rolle des Sponsors

Neulinge im Auslandsgeschäft unterschätzen vielfach die Bedeutung des Sponsors, der in den Ländern der Golfregion und in vielen Entwicklungsländern eine sehr wesentliche Rolle spielt. Der richtige Sponsor ist in der Lage, mit entsprechender Hilfestellung auch schwierige Probleme vor Ort zu lösen. Unter Umständen kommt ihm sogar eine Schlüsselrolle zu. Es ist eine zentrale strategische Aufgabe, den besten Sponsor ausfindig zu machen und für sich zu gewinnen. Ständige Wachsamkeit und ein Gefühl für subtile Äußerungen der Gesprächspartner sind wichtige Voraussetzungen für den Erfolg.

Als Außenseiter setzte auch die Firma Burk anfangs auf die falschen Partner, weil die richtigen bereits in festen Händen waren. Bekanntlich muß ein Sponsor, zum Beispiel in den Golfstaaten, immer ein Einheimischer sein. Es ist für europäische Verhältnisse unvorstellbar, wie viele Prinzen der Feudalhierarchie und Mitglieder einflußreicher Familien sich ein Stück vom großen Industrialisierungskuchen am Golf abgeschnitten haben und sich immer noch abschneiden, ebenso wie führende Funktionäre in der Bürokratie und in Staatsbetrieben. Und der Ausländer kann nur staunen, wie gut der Zusammenhalt und das Kommunikationswesen dieser Familien und Organisationen untereinander funktioniert.

5.4 Landessitten

Baustellen haben ihre eigenen Gesetze, das ist schon in Deutschland so und gilt umso mehr im Ausland, gar in exotischen Ländern wie Nigeria. Dorthin hatte Burk glücklich geliefert, die Montage war in vollem Gange und das Stammhaus mit dem Fortgang der Arbeiten höchst zufrieden. Doch der Zwischenfall passierte trotzdem: einige Monteure ließen sich nach Feierabend in eine Schlägerei mit Einheimischen ein. Anlaß und Schuldfrage sind bei solchen Ereignissen völlig irrelevant, denn der Einheimische hat zunächst einmal recht und seine Familie kommt mit mindestens 20 Personen und will Geld, unter Umständen sogar viel Geld.

Auch die Polizei ist sofort mit von der Partie und verleiht den Forderungen Nachruck, nicht ohne auch selbst an der Notlage der Ausländer zu partizipieren. Wenn nicht sofort bezahlt wird, wird der Mitarbeiter eingesperrt, und es dauert oft Wochen oder Monate, bis zähe Verhandlungen und noch höhere Geldbeträge schließlich zu seiner Freilassung führen.

In derart kritischen Situationen hilft meistens nur die schnelle Abreise, und zwar sofort. Der Mitarbeiter fährt am besten unmittelbar zum Flughafen und besteigt das nächste abfliegende Flugzeug.

Noch besser ist jedoch, es gar nicht erst so weit kommen zu lassen. Die Mitarbeiter sind also für die landesüblichen Verhaltensweisen zu sensibilisieren. Einige Regeln gelten überall: Beachtung der Landesgesetze und Hände weg von Auseinandersetzungen, Frauen, Glücksspielen und Alkohol. Eines zieht häufig das andere nach sich.

5.5 Unfälle

Von mitunter tragischen Unfällen werden Anlagenbauer und Baufirmen leider auch im Auslandsgeschäft auf Dauer nicht verschont. Die Monteure der Firma Burk wohnten in Nigeria in Wohncontainern, die nicht alle den europäischen Sicherheitsnormen genügten. So passierte es, daß eine Putzfrau während der Arbeitszeit durch das Berühren einer defekten Lichtleitung ums Leben kam. Innerhalb von 4 Stunden hatte der betreffende Monteur das Land bereits verlassen.

Abgesehen von der menschlichen Tragik solcher Zwischenfälle entstehen dadurch organisatorische Probleme, die einen Zeitplan gehörig strapazieren können. Ein neuer Monteur muß geschickt werden, er benötigt ein neues Visum, muß auf der Baustelle geschult und eingewiesen werden. So kann nicht nur eine vielversprechende Zwischenkalkulation durchlöchert werden, sondern plötzlich auch das Gespenst der Konventionalstrafe mit den Ketten rasseln.

5.6 Abnahmen

Sind alle Hindernisse überwunden und die Arbeit unter großen persönlichen Opfern der Frontmannschaft trotz allen Widrigkeiten fristgerecht fertig geworden, freut sich die Truppe auf den Tag der Abnahme, denn sie glaubt, deutsche Wertarbeit abgeliefert zu haben. Doch Abnahmekommissionen im Ausland nehmen ihre Aufgaben sehr ernst, nach den Erfahrungen der Burk-Mitarbeiter noch ernster als in der Bundesrepublik. Zum einen will sich die Abnahmekommission selbst ins rechte Licht rücken, zum anderen fehlt ihr auch oft die internationale Erfahrung und das rechte technische Fingerspitzengefühl für das Machbare und Vernünftige. Über die Wortwahl und die Spezifikationen der Ausschreibung, die in der Regel technisch sehr anspruchsvoll ist, gibt es deshalb keine Diskussionen. Alles muß ohne Wenn und Aber erfüllt werden, wie es auf dem Papier steht. Letztlich liegt die Ausführung eines Projektes in einem Entwicklungs- oder Schwellenland oft über dem Niveau entsprechender Bauten in der Bundesrepublik. Das gilt im besonderen für die Technik in Krankenhäusern.

Häufig kommen einzelne Mitarbeiter der Abnahmekommissionen aus befreundeten Industrieländern, in der Golfregion z. B. aus Großbritannien. Dabei spielen bewußt oder unbewußt patriotische Überlegungen eine Rolle. Der englische Consultant wird es bei einer deutschen Firma besonders genau nehmen, hätte er doch lieber englische Firmen kontrolliert. Hier hatte Burk häufig einen schweren Stand, und es war oft dem Verhandlungsgeschick des Verantwortlichen zu verdanken, daß bei der abschließenden Schlußbesprechung doch noch alle notwendigen Stempel auf die zahlungsauslösenden Dokumente gedrückt wurden.

Erschwerend kam bisweilen hinzu, daß sich sogar beteiligte deutsche Firmen gegenseitig Knüppel zwischen die Beine warfen. Besonders mit deutschen Ingenieurbüros hat Burk schlechte Erfahrungen. Nicht selten legen die verantwortlichen Abnahmespezialisten an normale Bauten Maßstäbe an, die nahezu den deutschen Sicherheitsvorschriften für die Abnahme von Kernkraftwerken entsprechen. Ein besseres Zusammengehörigkeitsgefühl untereinander, wie es z. B. amerikanische oder japanische Firmen im Weltmarkt zeigen, wäre auch für deutsche Firmen ein wichtiger zusätzlicher Wettbewerbsvorteil im internationalen Geschäft.

5.7 Finanzierung

Für Burk war beim Einstieg in den Export auch die Finanzierung Neuland. Anzahlungs- und Ausführungsbürgschaften bis 30 % sind im Auslandsgeschäft keine Seltenheit. Mittelständische Betriebe mit starkem Engagement im Export geraten dadurch leicht an die Grenze ihrer Leistungsfähigkeit, denn diese Bürgschaften werden in der Regel von den Banken voll auf die eingeräumten Kreditlinien angerechnet. Nach den ersten Aufträgen stellte sich heraus, daß Vor- und Zwischenfinanzierungen in der Regel zwischen 20—60 % der Auftragswerte beanspruchten. Bei Auftragsbeständen von 20 Mio. DM waren Gespräche mit den Banken für den Geschäftsführer immer wieder notwendig.

Trotz eines Mittelstandsförderungsgesetzes, mit dem die Unternehmen in Baden-Württemberg durchaus leben können, halten es die exportierenden Mittelständler im Land für eine Aufgabe der Landesregierung, Wege für eine schnelle und unbürokratische Export-Finanzierung außerhalb der Banken zu finden, z. B. über die Landeskreditbank. Je schneller diese Hilfe auf Landesebene geschaffen würde, desto effektiver wäre sie für die mittelständischen Betriebe.

Auf der anderen Seite sind sich alle Beteiligten darüber einig, daß solche Programme lediglich als Hilfestellung dienen dürfen, damit nicht durch Eingriffe von außen die unternehmerische Dynamik beschnitten wird.

5.8 Personal

Jedes im Export engagierte Unternehmen mit hoher Montageintensität hat anfänglich mit der Beschaffung und Motivation des notwendigen Montagepersonals Probleme. Der oft monatelangen Abwesenheit von Heim und Familie steht der finanzielle Vorteil gegenüber, und dieser Vergleich fällt individuell sehr unterschiedlich aus.

Im Gegensatz zur Anfangszeit der Exportbemühungen des Unternehmens drängt sich jedoch heute eine große Anzahl der Mitarbeiter zum Einsatz im Ausland. Identifikation mit dem Unternehmen, die Gewöhnung an finanzielle Vorteile und nicht zuletzt horizonterweiternde Erfahrungen in fremden Ländern erzeugen die Motivation, ohne die die auslandsorientierte

Wirtschaft in der Bundesrepublik nicht lebensfähig wäre. Daß vor Ort eine 60-Stundenwoche üblich ist, wird von allen Beteiligten aus verständlichen Gründen eher begrüßt als bemängelt.

6 Zukunftsaspekte

Wie schaut Burk Haustechnik heute in die Zukunft? Welche Sorgen und welche Hoffnungen hat das Unternehmen für die nächste Zeit?

Eine wichtige Sorge bereiten Friedrich Burk die hohen Lohn- und Lohnnebenkosten in der Bundesrepublik, die dazu führen werden, daß sein Unternehmen international immer weniger konkurrenzfähig sein wird. Hier sind zwei wichtige strategische Wege einzuschlagen:

— Beschränkung auf hochbezahltes Fachpersonal, das ins Ausland geschickt wird. Die Aufgabe dieser Mitarbeiter ist die Überwachung der Montage und die Beschaffung von möglichst qualifiziertem einheimischem Fachpersonal, dessen Einweisung und Kontrolle. Von Land zu Land ist dabei mit sehr großen Unterschieden zu rechnen.

— Beschränkung auf technisch anspruchsvolle Projekte, da gerade in Entwicklungs- und Schwellenländern das notwendige Fachpersonal noch nicht vorhanden ist, um z. B. Installationen in Krankenhäusern, schwierige Wasseraufbereitungen oder sterile Lufttechnik anzubieten.

Auch hier wird Burk beide Wege kombinieren, ohne allerdings einen sinkenden Montageanteil vermeiden zu können. Die Auslastung der betriebseigenen Monteure wird zurückgehen. Gleichzeitig wird das Unternehmen aber vermehrt höherqualifiziertes Personal benötigen, das nicht vollständig aus dem eigenen Hause wird rekrutiert werden können. Der sich auf dem Arbeitsmarkt schon heute abzeichnenden Lücke von hochqualifiziertem Fachpersonal sieht das Unternehmen mit Sorge entgegen. Bei Großunternehmen, die nicht in betriebseigene Ausbildung investiert haben, stellt sich das Problem bereits heute.

Die Strategie der Firma Burk wird vermehrt auch die internationale Konkurrenz berücksichtigen müssen. Vor allem koreanische Firmen dringen mehr und mehr in die angestammten Märkte ein, nach den jüngsten Erfahrungen leider mit wachsendem Erfolg. Deutsche Unternehmen sind zum Zuschauen verurteilt, wenn koreanische „Kompanien" militärisch zur Arbeit ausrücken, genügsam untergebracht werden und dabei einen Leistungsstandard erreichen, dem deutsche Firmen, die bisher mit berechtigtem Stolz auf die bessere Ausführung verweisen können, heute ihre Achtung zollen. Deshalb ist auch der Wohnungsbau für deutsche Unternehmen im Ausland zum Erliegen gekommen. Das machen koreanische Unternehmen heute schneller, vielfach besser und mindestens um die Hälfte billiger. Burk ist also mit seiner Strategie der Qualitätssteigerung auf dem richtigen Weg.

Was die Auslandserfahrung anbelangt, gehört das Unternehmen heute zum Kreis der international operierenden Baufirmen, die immer wieder zusammenarbeiten, ob im Konsortium mit deutschen Firmen oder im Joint Venture mit einheimischen Unternehmen. Darin ist eine gewisse Stabilität begründet, denn Partnerschaften im internationalen Anlagenbau beruhen auf langjährigen Vertrauensbeziehungen.

Die Frage, ob sich ein Handwerksbetrieb im Export versuchen sollte, beantwortet Friedrich Burk heute mit einem uneingeschränkten Ja. Abgesehen vom großen persönlichen Gewinn, den jeder Mitarbeiter im Auslandseinsatz durch Horizonterweiterung und steigendes Selbstbewußtsein erfährt, lernt er in neuen Dimensionen denken und erhöht seine fachliche Qualifikation in jeder Hinsicht.

Als Voraussetzung für das Wagnis Export sieht Friedrich Burk:
— Risikobewußtsein, das mit einer gewissen „Informationskultur" im Unternehmen gepaart sein muß. Nicht blindes Hineinstürzen, sondern bewußtes Abwägen, Beratschlagen mit erfahrenen Freunden, behutsames Vortasten in fremdes Territorium.
— Finanzielle Leistungsfähigkeit. Nur finanziell gesunde Firmen sollten den Schritt wagen; kranke Unternehmen sind den erhöhten Finanzierungsforderungen im Auslandsgeschäft nicht gewachsen.
— Investition in Aus- und Weiterbildung, z. B. in sprachlicher Hinsicht. Wer im Ausland erfolgreich sein will, muß sich verständigen können. Fremdsprachen sind immer noch ein Engpaß bei deutschen Unternehmen, vor allem im Handwerk. Aber auch die Technik des Auslandsgeschäfts erfordert eine spezifische Aus- und vor allem Weiterbildung. Die Verhältnisse ändern sich so schnell, daß ständiges Lernen eine Selbstverständlichkeit im Unternehmen sein muß.

Mit Holzblasinstrumenten ins Japangeschäft
KREUL FEINE HOLZBLASINSTRUMENTE wird international

von Hans-Joachim Kreul

1 Das Unternehmen
2 Die Produkte
3 Die Ausgangssituation vor dem Einstieg
4 Die gesetzten Ziele
5 Die Maßnahmen zur Verwirklichung
6 Der Einstieg in Japan
7 Erfolg und Kommentar

1 Das Unternehmen

Tübingen, Pfleghofstraße 8, 1919. Hans Kreul, Instrumentenbauer aus dem Vogtland, der Wiege des deutschen Instrumentenbaus, gründet ein Unternehmen, dessen Erzeugnisse heute in aller Welt einen guten Klang haben. 1938 übernimmt Hans Kreul jun. die Firma. Nach dem 2. Weltkrieg beginnt das Unternehmen mit der Herstellung von Holzblasinstrumenten und spezialisiert sich auf Klarinetten, Oboen, Englisch Hörner und Oboen d'amore.

Seit 1980 führt mit Instrumentenbaumeister Hans-Joachim Kreul die dritte Generation den neuen Betrieb in der Schwärzlocher Straße mit derzeit etwa 25 Mitarbeitern. Durch die von jeder Generation weitergegebene Erfahrung ist es kein Wunder, daß Holzblasinstrumente aus Tübingen berühmt geworden sind. Hinzu kommt, daß die Zusammenarbeit mit Musikern großer und bekannter Orchester gepflegt wird, wie dies wohl nur ein Familienbetrieb tun kann. Holzblasinstrumente aus dem Hause Kreul sind heute in den besten Orchestern der Welt zu Hause.

2 Die Produkte

Ein Beispiel: Oboe Konservatorium System Nr. 91 (s. Abb.) Französische Griffweise, automatisch schließende Halblochklappe, H-Cis-Triller, Cis-Dis-Triller, C-D-Triller, C-Es-Bindung, B-C-Triller mit jedem beliebigen der drei unteren Brillenringe zu greifen, Fis-Gis-Triller, As-B-Triller, Resonanzklappe für das mittlere F, mit eingriffiger automatischer Doppeloktavklappe, F-Hebel für den kleinen Finger der linken Hand, Gabel-F-Mechanik, mit zweigeteiltem regulierbarem Hebel für die Oktavklappen am Oberteil, H-Cis-Triller am Unterteil, bis tief B gehend. Auf Wunsch auch mit halbautomatisch schließender Doppeloktavklappe und mit 3. Oktavklappe lieferbar.

Oboe Konservatorium System Nr. 91

Dieses Fachchinesisch möge dem Leser verdeutlichen, daß die Herstellung von Holzblasinstrumenten im Bereich des Musikinstrumentenbaus ein sehr spezielles Gebiet ist. In der Bundesrepublik gibt es nur wenige Unternehmen, die die dafür notwendige Technik beherrschen. Weitere Hersteller sind hauptsächlich in Frankreich, der DDR, Italien und den USA zu finden. Auch die Fernostländer produzieren heute diese Instrumente, insbesondere Japan, Taiwan und die Volksrepublik China. Die qualitativ hochwertigen und teuren Instrumente kommen jedoch überwiegend aus Deutschland, Frankreich und Japan. Die übrigen Herstellerländer sind mehr im Niedrigpreissektor angesiedelt.

Die hochwertigen Instrumente werden von professionellen Musikern, Lehrern und Musikstudenten gespielt. Die im Preis günstigeren Instrumente kommen vor allem in Musikschulen und Laienorchestern zum Einsatz. Klarinetten und Oboen besitzen eine sehr komplizierte Mechanik, die teilweise aus gestanzten oder im Schleudergußverfahren hergestellten Neusilberteilen besteht.

Der Holzkorpus wird aus dem sehr harten und über Jahrzehnte gewachsenen „Grenadillholz" gefertigt, das vor allem aus Tansania und Mozambique importiert wird. Der Holzkorpus wird gedreht und die Oberfläche in Handarbeit geschliffen und poliert. Viele Arbeitsgänge sind erforderlich, bis Korpus und Mechanik fertiggestellt sind und die Instrumente ihren besonderen Klang haben, und so manche Bohrung, mancher Handgriff ist ein Betriebsgeheimnis. Achtzig Prozent der Herstellung wird in Handarbeit ausgeführt, wobei das handwerkliche Können der Instrumentenbauer und ihre Liebe zum Beruf das eigentliche Kapital des Unternehmens darstellen. Die Mechanikteile werden in der Regel versilbert oder vernickelt, bevor die endgültige Montage erfolgt. Am Ende entscheiden viele verschiedene Komponenten über die gefertigte Qualität eines Instruments.

3 Die Ausgangssituation vor dem Einstieg

In den fünfziger und sechziger Jahren wurde ein Großteil der im Unternehmen produzierten Waren nach USA, England, Skandinavien, Holland und Österreich exportiert. In dieser Zeit waren hochwertige Holzblasinstrumente sehr gefragt, da es in vielen Ländern keine oder nur eine sehr geringe Produktion gab. Hinzu kam, daß die Produktion in der Bundesrepublik noch vergleichsweise kostengünstig war und die Währungen anderer Länder teilweise wesentlich stärker waren als die Deutsche Mark. Speziell der US-Dollar trug dazu bei, daß die Firma Hans Kreul den größten Teil ihrer Produktion in die USA lieferte.

Ende der sechziger Jahre begann ein zunehmendes Interesse im Inland an Holzblasinstrumenten. Mehr und mehr Musikschulen wurden gegründet, und Musikvereine, Orchester und Spielgruppen hatten wieder ausreichende Mittel zur Verfügung. Dadurch entstand eine immer größer werdende Nachfrage. Zunehmend verlagerte sich der Verkauf der Instrumente vom Ausland auf das Inland. Da zu dieser Zeit die Fertigung immer voll ausgelastet war, wurde dieser Verlagerung der Absatzmärkte keine besondere Aufmerksamkeit geschenkt. Der damalige Export wurde mit wenig Aufwand im Bereich Vertrieb und Marketing geführt.

Ende der 70er Jahre war der Exportanteil auf ca. 20 % der Fertigung zurückgegangen. Es wurde vorwiegend noch nach USA, Holland und Österreich exportiert. Zu diesem Zeitpunkt stellte sich die Unternehmensleitung die Frage: Ist dieses Verhältnis sinnvoll? Welche Möglichkeiten hat die Firma, einen eventuellen Rückgang im Inlandsmarkt auszugleichen? Gibt es Ausweichmärkte und wo sind diese?

Nach reiflicher Überlegung traf die Unternehmensleitung eine wichtige strategische Entscheidung. Um langfristig gute Absatzchancen zu sichern, war es dringend erforderlich, im Bereich des Exports die vorhandenen Ressourcen zu aktivieren und zu pflegen. Mit diesen Maßnahmen sollte vor allem das Ziel erreicht werden, sich mehrere Standbeine zu schaffen, um beim Ausfall eines Teilmarktes bzw. Abnehmers nicht gleich in Schwierigkeiten zu kommen. Risikoverteilung war also der dominierende Grund für diese weitreichende Entscheidung.

4 Die gesetzten Ziele

Bevor gezielte Maßnahmen ergriffen werden konnten, mußten Ziele gesetzt werden, die in einer bestimmten Zeit erreicht werden sollten.

Das erste Ziel war zunächst, in möglichst viele Länder zu exportieren. Es wurde ein Exportanteil von 50 % angestrebt, um möglichst viele „Standbeine" zu erhalten. Dadurch müßte es einfacher sein, den Rückgang oder gar Ausfall eines Marktes mit Hilfe der anderen Länder aufzufangen.

Darüber hinaus wurde entschieden, durch ein wirkungsvolles Corporate Identity Konzept den Bekanntheitsgrad des Unternehmens und seiner Produkte vorwiegend im qualitativ hochwertigen Bereich entscheidend zu steigern.

5 Die Maßnahmen zur Verwirklichung

Bevor konkrete Schritte und Maßnahmen eingeleitet wurden, mußte zunächst herausgefunden werden, welche notwendigen zeitlichen und personellen Aufwendungen für das Unternehmen zu erwarten waren, wenn der Einstieg in den Export erfolgreich sein sollte. Im Vordergrund stand also eine umsichtige und systematische Vorgehensweise.

Aus den regelmäßigen Rundschreiben der Industrie- und Handelskammer und der Handwerkskammer war bekannt, daß es für kleine und mittelständische Unternehmen möglich war, kostenlose Beratungen durch Exportberater zu erhalten. Der erste Weg führte also zu den beiden Kammerorganisationen. Hier stellte sich heraus, daß das Landesgewerbeamt in Stuttgart zuständig ist. Von dort war dann die Empfehlung für einen Exportberater und dessen Adresse zu erhalten. Das Angebot des Landesgewerbeamtes umfaßte im ersten Jahr fünf kostenlose Beratungstage.

Beim ersten Gespräch erstellte der Berater zunächst gemeinsam mit der Unternehmensleitung eine Ist-Analyse. Warum wollte die Firma mehr exportieren, wie war die gegenwärtige Situation und wo lagen die Ziele? Danach wurden die Maßnahmen diskutiert. Dabei waren vor allem die vorhandenen Möglichkeiten in der Firma abzuklären. Wer im Unternehmen sollte für welche Maßnahmen zuständig sein? Hatten die vorgesehenen Mitarbeiter den notwendigen zeitlichen Freiraum? Waren die finanziellen Mittel für die jeweiligen Maßnahmen vorhanden? Wieviel Mittel konnten überhaupt eingesetzt werden?

Die einzelnen Maßnahmen wurden festgelegt und ein Aktionsplan aufgestellt:

Beschaffung der Adressen von Instrumenten-Importeuren in den Ziel-Ländern

Diese Adressen konnten über die Deutschen Auslandshandelskammern in den jeweiligen Ländern bezogen werden. Verzeichnisse aller Auslandshandelskammern sind bei den Industrie- und Handelskammern erhältlich. Die Kammern in Europa, Fernost und Südamerika wurden angeschrieben, und innerhalb kurzer Zeit lagen die benötigten Adressen vor.

Die Anschreiben an die Instrumenten-Importeure nahmen besonders viel Arbeit in Anspruch. Sie mußten attraktiv sein, Interesse wecken, und wurden deshalb nach Möglichkeit in der jeweiligen Landessprache abgefaßt. Rückblickend wäre das wohl nicht notwendig gewesen, doch wurden diese Bemühungen häufig anerkannt, teilweise im Antwortschreiben lobend erwähnt.

Schon nach diesen ersten Schritten stellten sich die Weichen. So wurde z. B. deutlich, daß der gesamte mittel- und südamerikanische Raum als Export-Markt für hochwertige Musikinstrumente überhaupt nicht in Betracht kam, da die Produkte dort mit extremen Importzöllen belegt waren. Dadurch wurden die Endverbraucherpreise so hoch, daß der Export in diese Länder sinnlos war. Ein erfolgreiches Geschäft hätte eine Produktion im Land bedingt und überstieg damit die Möglichkeiten des kleinen Handwerksbetriebes.

Beschaffung von Informationen über den Markt für Musikinstrumente in den jeweiligen Ländern

Solche Marktstudien sind zu äußerst günstigen Kosten über die Bundesstelle für Außenhandelsinformation (BfAI) in Köln zu beziehen. Ein Branchenbericht der BfAI enthält im kompakter Form alle wesentlichen Informationen über einen Markt und seine Absatzchancen. Inlandsproduktion,

Außenhandel, Marktstruktur, Preise, Handelsspannen, Einfuhrvorschriften werden ebenso ausführlich dargestellt wie Vertriebswege, Werbemöglichkeiten und wichtige Kontaktanschriften, das alles für 4,— DM pro Land.

Neugestaltung des Firmenzeichens und des allgemeinen Erscheinungsbildes

Aus verschiedenen Gründen erwies sich ein neues Erscheinungsbild als unbedingt notwendig. Das einzige bisherige Kommunikationsmittel war ein Katalog, der die Produkte vorstellte und die Firma repräsentierte. Für ein erfolgreiches Auslandsgeschäft war diese Broschüre jedoch untauglich, da sie für den heimischen Markt gestaltet war und außerdem nur in deutscher Sprache vorlag.

Die Firma Kreul nahm hier die Hilfestellung einer erfahrenen Werbeagentur in Anspruch. Wieder mußten viele Einzelheiten geklärt und überdacht werden. Ein CI-Konzept ist auch für einen Kleinbetrieb eine sehr komplexe Angelegenheit.

Für einen längeren Zeitraum mußten wichtige Festlegungen getroffen werden:
— Wie soll das Firmenzeichen aussehen?
— In welchen Sprachen soll der Katalog erscheinen?
— Wie sollen die Produkte dargestellt werden?
— Wie kann erreicht werden, daß der potentielle Kunde im Ausland das Unternehmen anhand des Anschreibens und des Katalogs richtig einschätzen und verstehen kann?

Der Katalog wurde in drei Sprachen aufgelegt: Deutsch, Englisch und Französisch. Neue hochwertige Produktfotos sollten speziell auf die Qualität hinweisen. Im Vorspann wurde die Firmengeschichte kurz aufgeführt. Auch farblich mußte eine einheitliche Linie gefunden werden. Eine neue Firmen-Farbe wurde geschaffen, die im Zusammenhang mit den Blasinstrumenten immer wieder erscheinen sollte, um eine möglichst große Identifikation mit dem Unternehmen und seinen Produkten bei Kunden und Verbrauchern zu erreichen.

Telex

Schon in den Antwortschreiben der Auslandshandelskammern war immer wieder nach der Telexnummer gefragt worden. Deshalb wurde dieses bisher nicht für notwendig erachtete Gerät kurzfristig installiert. Schon nach kurzer Zeit konnten sich die beteiligten Mitarbeiter von den Vorzügen des Fernschreibers überzeugen, der inzwischen im Telefax-Zeitalter schon fast wieder überflüssig geworden ist.

Teilnahme an Fachmessen

Die Beschickung ausländischer Messen ist für ein erfolgreiches Auslandsgeschäft eine unumgängliche Voraussetzung. Bisher hatte das Unternehmen noch nie Messen als Aussteller besucht, so daß dieser Schritt ebenfalls Neuland darstellte. Es war jedoch ein großes Glück, daß die größte und international wichtigste Musik-Messe in Frankfurt stattfindet und somit „Heimvorteil" bestand.

Trotzdem war die Vorbereitungsphase für die geplanten Auslandsmessen eine enorme Belastung für das kleine Unternehmen. Zunächst mußte ein Messestand konzipiert werden. In Anbetracht der zahlreichen geplanten Veranstaltungen fiel die Entscheidung für die Anschaffung eines eigenen Messestandes nicht schwer.

In Zusammenarbeit mit der erwähnten Werbeagentur wurde ein Standbausystem ausgewählt, das sich als sehr flexibel in der Gestaltung, in der Handhabung und in der Lagerung erwies. Diesen Stand benutzt das Unternehmen heute noch. Das flexible System hat den Vorteil, daß die ständig notwendigen Änderungen und Vergrößerungen je nach Bedarf vorgenommen werden können. Zum Beispiel bietet es die Möglichkeit, bei kleineren Präsentationen nur einen Teil des Standes zu benutzen. Bei der farblichen Gestaltung wurde auch hier die gewählte Firmenfarbe benutzt.

Die optimale Vorbereitung der Frankfurter Musikmesse machte es notwendig, auch alle ausländischen Interessenten einzuladen. Dazu mußte eine Messeeinladung konzipiert werden, die Aufmerksamkeit erzielen, Interesse wecken und Aufforderungscharakter haben sollte.

Die erste Messe stand ganz im Zeichen des persönlichen Kennenlernens der ersten ausländischen Interessenten. Durch sie waren endlich aus erster Hand Informationen über die jeweilige Situation in den einzelnen Märkten für die Kreul-Produkte zu erfahren. Erste Musteraufträge waren ein vielversprechender Auftakt. Außerdem erwies sich der Messebesuch auch bezüglich der Inlandskunden als sehr positiv. Diesen Schritt hätte die Firma schon viel früher wagen sollen.

Alle genannten Aktivitäten erstreckten sich über ein bis eineinhalb Jahre, eine Zeit voller Arbeit und zunächst ohne greifbare Erfolge. Die regelmäßigen Gespäche mit dem gewählten Exportberater erwiesen sich als außerordentlich hilfreich. Ständige Vergleiche des Ist-Zustandes mit dem aufgestellten Aktionsplan motivierten und trieben an. Die bei diesen Gelegenheiten erteilten Ratschläge erwiesen sich immer als sehr gute „Steigbügel". Auch bei aktuellen Fragen stand der erfahrene Berater dem Unternehmen kurzfristig zur Verfügung.

Während dieser Zeit wuchs im Betrieb auch die Sensibilität für alle Informationen und Angebote, die mit den internationalen Aktivitäten in Zusammenhang standen. Ständiges Dazulernen wurde zur Selbstverständlichkeit. Das ist auch heute im Hause Kreul so geblieben.

Besonders wichtig war dem Geschäftsführer von Anfang an, alle Mitarbeiter im Betrieb ständig über die laufenden Aktivitäten zu unterrichten. Da bei Holzblasinstrumenten der Anteil der Handarbeit am Wert des Produktes so hoch ist, sind die Motivation der Mitarbeiter und deren Identifikation mit der Firma entscheidende Erfolgsfaktoren. Es war daher ein für alle Mitarbeiter wichtiger Augenblick, als die ersten Instrumente für Taiwan, Korea, Japan, Australien und Neuseeland in Produktion gingen.

Von großer Bedeutung war auch die Handhabung und Abwicklung der Exportaufträge. Incoterms, Kasse gegen Dokumente und bestätigte Akkreditive fanden Zugang zum Wortschatz der Belegschaft. Über die verschiedenen Möglichkeiten und Probleme der Zahlungssicherung im Auslandsgeschäft war mit dem Exportberater eingehend gesprochen worden. Auch die Außenhandelsabteilung der Hausbank begleitete die ersten Schritte mit vielen Informationen und großzügiger Unterstützung. Wie viele Einzelheiten und Kleinigkeiten beim Auslandsgeschäft zu beachten sind, wurde erst im Laufe der Zeit deutlich. Speditionsbedingungen, Ausfuhrpapiere, Zoll- und Importbestimmungen einer Vielzahl von Ländern hielten das Unternehmen monatelang in Atem. Hier halfen vor allem die BfAI, das Landesgewerbeamt, die IHK und die Hausbank.

6 Der Einstieg in Japan

Nachdem einzelne Geschäftsverbindungen im Ausland geknüpft waren, ergab sich für das Unternehmen die Möglichkeit, über den zuständigen Fachverband an einer gemeinsamen Deutschen Musikmesse in Japan teilzunehmen. Die Chancen auf dem japanischen Markt waren aufgrund vieler Informationen als außerordentlich gut einzuschätzen, und so entschloß sich die Geschäftsleitung, an der Ausstellung teilzunehmen. Das Projekt wurde vom Bundeswirtschaftsministerium und den Wirtschaftsministerien der Länder finanziell unterstützt. Die Unterstützung umfaßte neben zahlreichen organisatorischen Hilfeleistungen einen Zuschuß von 50 % für die Standgebühren, die Messe-Werbung und den Hin- und Rücktransport der Exponate.

Da auch schon in Singapur, Hongkong und Taiwan Kontakte bestanden, bot es sich an, auch diese Länder ohne wesentliche Zusatzkosten zu bereisen. Mit bestehenden und potentiellen Kunden wurden Termine vereinbart und zwei bis drei Tage pro Land eingeplant. Dieser erste Teil der Reise verlief sehr vielversprechend, und es stellte sich heraus, daß die persönliche Begegnung und der eigene Eindruck vor Ort viele wichtige Informationen brachten.

Die Musikmesse in Japan war vom Fachverband sehr gut organisiert worden. Es bestand ein großes Interesse der japanischen Besucher an den Instrumenten des Tübinger Herstellers, konkrete Verbindungen konnten jedoch nicht hergestellt werden. Trotzdem waren die vielen Musiker, die die Messe besuchten, äußerst wichtige Informationsquellen in bezug auf den Wettbewerb und die tatsächlichen Bedürfnisse der japanischen Musikprofis. Es stellte sich heraus, daß sie bei den Instrumenten auf ganz andere Eigenschaften Wert legten als ihre europäischen Kollegen. Besonders interessant war natürlich die Preisstruktur der japanischen Konkurrenten. Es fiel auf, wie gründlich die Messebesucher Konkurrenzvergleiche anstellten und sich auch offen darüber äußerten.

Viele wichtige Fragen konnten am Ende der Ausstellung beantwortet werden: Wurden die Instrumente den Anforderungen der Musiker gerecht? Welche Marken wurden im Schülerbereich und welche im Profibereich gekauft? Wer war der Marktführer in Japan? Dadurch entstand zwar ein immer klareres Bild vom japanischen Markt, doch war das Hauptziel, etwas zu verkaufen oder einen interessierten Importeur zu finden, nicht erreicht worden. Das war nicht weiter überraschend, ist es doch allgemein bekannt, daß man für den Export nach Japan Geduld, Zeit und Einfühlungsvermögen braucht. Daher fiel der Entschluß nicht schwer, trotz einer vom Verkauf her erfolglosen Messe den japanischen Markt weiter zu bearbeiten.

Auch das „follow up" nach der Messe brachte keinen greifbaren Erfolg. Einzelne angeschriebene Firmen schickten nette Antwortschreiben zurück, jedoch ohne konkrete Fragen, Vorschläge oder gar Bestellungen.

Die nächste Gelegenheit zur persönlichen Begegnung ergab sich wieder auf der Internationalen Frankfurter Musikmesse. Erfreulicherweise stellte sich heraus, daß sich einige der Gesprächspartner durchaus mit den Produkten der Firma Kreul auseinandergesetzt hatten und konkretes Interesse zeigten. Zu diesem Zeitpunkt war bereits bekannt, daß eine zweite Deutsche Musikmesse in Japan durchgeführt werden sollte, und der Entschluß, trotz des ersten „Mißerfolgs" wieder teilzunehmen, war schon gefallen. Ohne Ausdauer war der japanische Markt eben nicht zu knacken.

Bereits auf der Messe in Frankfurt traten die Gespräche in eine neue Phase. Ein japanisches Unternehmen stellte sich als besonders interessiert heraus und sagte für die geplante Deutsche Messe in Japan seine Unterstützung zu, deutete sogar die Bereitschaft an, nach der Ausstellung die Exponate zu übernehmen.

Tatsächlich erwies sich diese Unterstützung kurze Zeit später als sehr wirkungsvoll. Der japanische Sponsor half bei der Gestaltung des Messestandes, organisierte Einladungen für japanische Musiker zum Ausprobieren der Instrumente und stellte sogar einen Mitarbeiter zur Mithilfe zur Verfügung. Während dieser Messe fanden erstmals Gespräche über die Möglichkeiten eines Exclusiv-Importvertrages mit dieser japanischen Firma statt. Konkrete Abmachungen ließen jedoch weiter auf sich warten.

Daß der japanische Partner sehr viele europäische Musikinstrumente importierte, war im Hause Kreul inzwischen bekannt, doch sonst wußte man nicht sehr viel über dieses Unternehmen. Wieder war das Problem „Informationsbeschaffung" zu lösen, wobei diesmal die Deutsch-Japanische Hnadelskammer und Mitarbeiter befreundeter Firmen Hilfestellung gaben. Die Informationen stärkten das Interesse, mit diesem Importeur zusammenzuarbeiten.

Zu diesem Zeitpunkt war im Hause Kreul nur schwer zu verstehen, warum die japanischen Partner eine so lange Zeit benötigten, sich zu entscheiden. Die Geduld wurde auf eine harte Probe gestellt, denn in der Zwischenzeit hatten auch andere japanische Firmen angefragt, ob sie die Firma Kreul in Japan vertreten könnten. Und jeder Interessent stellte selbstverständlich die Frage nach einer Exclusivvertretung. Die Zeit für einen Vertragsabschluß war reif.

Beim nächsten Zusammentreffen auf der Frankfurter Messe machte der Wunschpartner endlich konkrete Vorschläge. Man hatte eine Studie erarbeitet, auf welche Weise die Instrumente der deutschen Firma langfristig in den japanischen Markt eingeführt und dort etabliert werden könnten. Das Vertrauen war endgültig hergestellt, und nach eingehenden Überlegungen fiel der Entschluß nicht mehr schwer, mit dieser Firma zusammenzuarbeiten.

Natürlich stellten die japanischen Partner auch Forderungen hinsichtlich der Unterstützung beim Marketing in Japan, z. B. in der Werbung. Kreul stellte seine kompletten Werbeunterlagen zur Verfügung, um den Japanern die Arbeit zu erleichtern. Zwei Prozent des halbjährig erzielten Japan-Importumsatzes wurde darüber hinaus als Werbezuschuß zugesagt, eine für ein kleines schwäbisches Unternehmen ungewöhnliche Maßnahme, die aber auf der Gegenseite größtes Wohlwollen erzeugte.

Kurz darauf war der ebenso vereinbarte weitere Besuch in Japan fällig, eine neue Erfahrung. Schon bei der Ankunft wurde den Gästen ein genauer Zeitplan überreicht, in dem die Termine minutiös festgelegt waren. Alles war bis ins Kleinste vorgeplant. So wurde zum Beispiel ein Zusammentreffen mit den Außendienstmitarbeitern organisiert, um mit ihnen über die Details der Instrumente, über ihre Vorzüge und die speziellen Verkaufsargumente zu sprechen. Auch Treffen mit den Innendienstmitarbeitern zu einem persönlichen Kennenlernen waren vorgesehen. Diese Begegnungen waren immer mit langen, höflichen Diskussionen und Einladungen zum Essen verbunden. Man konnte sich dabei näher kennenlernen, was für japanische Geschäftspartner als Voraussetzung für eine vertrauensvolle Zusammenarbeit außerordentlich wichtig ist.

Es wurden Treffen mit Musiklehrern, Berufsmusikern und Schülern organisiert. Bei den Diskussionen standen die Vorzüge und die Nachteile der Instrumente aus dem fernen Deutschland im Vordergrund. Es fiel besonders auf, daß die Nachteile der Instrumente nicht wie in Europa üblich direkt genannt, sondern immer vorsichtig verpackt die entsprechenden Vorteile der Wettbewerber beschrieben wurden. So wurde dem ausländischen Hersteller geschickt und höflich mitgeteilt, wo Änderungen und Verbesserungen notwendig waren. Die Anforderungen in Qualität und Verpackung erwiesen sich dabei als außerordentlich hoch.

In der Folgezeit wurden alle Anregungen konsequent geprüft und in der Fertigung umgesetzt. Da die Vorschläge Sinn machten, war es keine Schwierigkeit, den Mitarbeitern die Notwendigkeit dafür verständlich zu machen. Es war schon bald festzustellen, daß die Verbesserungen auch in anderen Geschäftsbeziehungen vorteilhaft waren. Die Anforderungen der Japaner hatten gezeigt, daß auf viele Einzelheiten am Produkt bisher zu wenig Wert gelegt worden war.

Zwar waren die Veränderungen nicht gravierend, und besonders in der Verarbeitung und im Aussehen der Instrumente hatten sich keine Veränderungen ergeben, doch wird im Hause Kreul heute dankbar vermerkt, daß die Japaner mitgeholfen haben, die Instrumente zu verbessern und auf einen höheren Stand der Qualität zu bringen.

Aus heutiger Sicht hat sich die behutsame, aber zielsichere Arbeitsweise des japanischen Importeurs bewährt, Geduld und Investitionen haben sich gelohnt. Mehr denn je wird großer Wert auf persönlichen Kontakt gelegt, gegenseitige Besuche sind regelmäßig notwendig. Nach nunmehr vier Jahren Zusammenarbeit ist der japanische Markt der größte Exportmarkt der Firma Kreul. Das ist eine sehr erfreuliche Entwicklung, die jedoch auch eine gewisse Gefahr der Abhängigkeit birgt.

7 Erfolg und Kommentar

Durch weitere Anstrengungen im Export ist in der Zwischenzeit der Exportanteil auf etwa 60 Prozent angestiegen. In dieser Zeit hat sich die Situation im Inland geändert. Durch die ständigen Ausgabenkürzungen der öffentlichen Hand sind die Musikschulen, Laien-Orchester und Schulen nicht mehr in der Lage, teure und qualitativ hochwertige Produkte zu beschaffen. Die größere Chance liegt derzeit im privaten Gebrauch von Musikinstrumenten. Hier sind die Ansprüche gestiegen, und damit hat sich in diesem Marktsegment eine neue Wachstumsmöglichkeit ergeben.

Im Rückblick auf die Entwicklung der letzten Jahre ist man im Hause Kreul von der Richtigkeit der Entscheidung zu einem intensiven Auslandsgeschäft überzeugt. Ohne dieses Engagement und die investierte Energie hätte es das Unternehmen heute sehr schwer, die Konkurrenzsituation mitzubestimmen. Das gilt besonders auch für den deutschen Markt, denn die Importeure ausländischer Hersteller haben in den letzten Jahren ebenfalls erheblich zugenommen.

Trotz eines hohen persönlichen Einsatzes, des unabdingbaren Engagements aller Mitarbeiter und eines nicht zu unterschätzenden Risikos im Auslandsgeschäft kann dem Leser, der heute vor einer ähnlichen Entscheidung steht, aus Sicht der Firma Kreul kein besserer Rat gegeben werden, als sich mit Mut, Kreativität, aber auch Umsicht und Systematik dem Abenteuer Auslandsgeschäft zu stellen. Nur eine aktive Gestaltung des Marktes schafft den nötigen Vorsprung zum Überleben. Das gilt heute schon für Europa und in naher Zukunft für den gesamten Weltmarkt.

Mit Phrasen wie „Zuviel Kosten" oder „wir haben sowieso keine Chance" wird allerdings jede Motivation zum Export verhindert. Vielmehr ist im Auslandsgeschäft Optimismus gefragt, entschlossenes Handeln und das nötige Vertrauen in die eigenen Produkte und die Leistungsfähigkeit der Mitarbeiter.

Jedem Leser, der vor dem Einstieg in ausländische Märkte steht, wünscht der Autor viel Glück und Erfolg.

Erprobte Verkaufsförderung im Ausland
Wie BIZERBA internationale Erfolge programmiert

von Benno P. Schlipf

1 Firmen-Profil
2 Im Marketing-Mix schließt die Verkaufsförderung den Erfolgskreis
2.1 Konzeption
2.2 Terminierung
2.3 Motivation
2.4 Preise
2.5 Verkaufsquoten

Als wiederverwendbares Beispiel sind die beschriebenen Verkaufsförderungsmaßnahmen aus dem gesamten Marketinggeschehen herausgegriffen; quasi als ein Kuchenstück innerhalb notwendiger Vertriebsmaßnahmen tragen sie zum Erfolg maßgeblich bei. In abgewandelter Form sind sie in vielen Ländern für andere Produkte und verschiedenste Zielgruppen verwend- und einsetzbar.

1 Firmen-Profil

Im Jahre 1866 gründete der Mechanikermeister Andreas Bizer in Balingen (Bizer und Balingen = Bizerba) eine Firma zur Herstellung von Balken- und Tafelwaagen. 1906 erwarb sein Schwiegersohn, Professor Wilhelm Kraut, das kleine Unternehmen. Unter der Gesamtleitung seines ältesten Sohnes, Senator Wilhelm Kraut, wurde aus der Mechaniker-Werkstatt die heutige Weltfirma Bizerba. Seit der Erfindung der Neigungs-Schaltgewichts-Ladenwaage im Jahre 1924 bis zur Entwicklung der ausgezeichneten elektronischen Ladentischwaage CD 8600 mit 99 PLU's (PLU = Price look up) im Jahre 1981, haben viele ebenso bedeutende Neuentwicklungen zum raschen Aufstieg des Unternehmens beigetragen.

Bizerba beschäftigt heute allein im Inland in drei Werken Balingen (Württemberg), in der Maschinenfabrik Meßkirch (Baden), in einer Reihe von Niederlassungen, in der Aluminium-Gießerei Villingen GmbH und in der Bizerba-Werkstoffsysteme und Fahrzeugbau GmbH, Rastatt mehrere tausend Mitarbeiter.

Die Spannweite des Lieferprogramms reicht von Elektronik-Ladenwaagen, Selbst- und Schnellbedienungswaagen, warenwirtschaftlichen Verbundsystemen, ECR- und Datenkassen, über Aufschnittschneidemaschinen, auch mit Scheibenablage ohne Handberührung, Fleisch- und Knochensägen, Fleischwölfen und Fleischmürbern, Preisauszeichnungsgeräten und -anlagen bis zu mikroprozessorgesteuerten Waagen und Wägeanlagen für Industrie, Handel, Handwerk und Behörden, mit Belegdruckern und Registriersystemen für die Wägedaten, mit Software-Programmen für Wägen, Zählen, Dosieren, Steuern und EDV-Koppelungen.

Auch in der Diversifikation sind neueste Technologien Grundsätze für zukunftsweisende Entwicklungen, rationelle Produktionsverfahren und hohe

Beispiele aus dem Produktprogramm von BIZERBA

Qualitätsansprüche. Dies gilt für Aluminiumguß gleichermaßen, wie für die spezielle Anwendung von Hochleistungs-Verbundwerkstoffen.

Aus der Zielsetzung, nämlich nach integrierten Systemen aus Polymer-Verbundwerkstoffen in Verbindung mit erstklassigem Aluminium-Qualitätsguß ist Bizerba erfolgreich, als kompetenter Partner der zukunftsorientierten Industrie, besonders dem Fahrzeugbau.

Bizerba exportiert in über 90 Länder der Erde. Vertriebsgesellschaften und teilweise Fertigungswerke bestehen in Belgien, Dänemark, Frankreich, Italien, Österreich, in England, der Schweiz, den USA und in Kanada.

Dazu steht allen Kunden und Interessenten eine hervorragend ausgebaute Fachberater- und Service-Organisation zur Verfügung.

2 Im Marketing-Mix schließt die Verkaufsförderung den Erfolgskreis

Werbekampagnen richten sich an die möglichen Kunden, die Verkaufsförderung an den Außendienst, die Vertreter und Fachberater. So wird die jeweilige Werbebotschaft durchgängig und gelangt über den Außendienst beim Verkaufsgespräch an die gewünschte Zielgruppe. Besonders wichtig dabei ist, daß hier die Werbebotschaft genau angepaßt und damit auch zur wirksamen Verkaufsförderung wird. — In dieser Form bewährt, vielfach praktiziert auf europäischen und überseeischen Märkten.

Bei der Werbebotschaft wird vorausgesetzt, daß sie über ein oder mehrere Werbemittel bereits den möglichen Kunden erreicht hat. Somit kann im direkten Gespräch oder Vortrag ergänzt, abgerundet und verstärkt werden. Wenn der Angesprochene zum Interessenten wurde, steht der Überleitung zum Verkaufsgespräch nichts mehr im Wege. Es führt über länderspezifische Ausführung, Preis, Rabatt, Zollformalitäten, Zahlungsweise, Lieferzeit und Service zum Abschluß.

Wichtig ist, daß die gleiche Denk- und Handlungsweise, „die Firmenphilosophie", auch auf diesem Wege zum möglichen Kunden gelangt, also „rüberkommt" und bei der Zielgruppe die Sympathie für den möglichen Gesprächspartner wächst oder gar den Ausschlag für Aufträge gibt.

Dem Corporate Identity, das ist die Summe der Eindrücke über das Unternehmen, seiner Repräsentanten und seiner Produkte, kommt durch Homogenisierung der Bedürfnisse und des Bedarfs große Bedeutung zu. Gerade beim traditionsbewußten und auf Tradititon bedachten Handwerk als Zielgruppe ist das Vorstellungsbild, das Image, sorgfältig zu pflegen. Zum großen Teil handelt es sich beim Handwerk um Familienbetriebe, die größten Wert auf persönliche Ansprache und langfristige Partnerschaft legen. So zählt bei der Verkaufsförderung für diese Zielgruppe die Summe aller Einzelsignale besonders. Dazu ist die Kommunikation über Erfahrungen und Erfolge innerhalb dieser Zielgruppe durch die Innungen ausgeprägt.

Ganz entscheidend aber ist, daß die Verkaufsförderung in Unterrichtung, Erklärung und Ausstattung die gleichzeitige Arbeit mit den geplanten und laufenden Werbekampagnen in gleicher Stoßrichtung, gleicher Aussage und möglichst gleichen Worten weitergibt. Das verstärkt, das bringt die optimale Unterrichtung und Beeinflussung über die vorteilhaften Angebote. Die inhaltliche und zeitliche Abstimmung im Marketing des Unternehmens ist unbedingt durchzuführen. Die Konzeptionen müssen über den Verkaufsförderer durch Werbe-Informationen und Verkaufstips rechtzeitig bis zum Außendienst-Mitarbeiter gelangen.

Die Handwerksbetriebe in unseren Breiten sind, wie schon gesagt, meistens Familienbetriebe. In der Regel arbeiten Meister und Meistersfrau im Unternehmen vorrangig mit. Sie müssen als Selbständige weit über normale Arbeitszeiten hinaus tätig sein. Wie im Handwerk gang und gebe, stehen laufend wichtige, meist termingebundene Arbeiten an. So ist die Zeit für Informationen knapp und es fehlt die innere Ruhe für ein grundlegendes Beratungsgespräch. Ein Besuch des Außendienstmitarbeiters ohne vorherige Zeitabsprache ist mit dem Risiko verbunden, nur im Stehen angehört zu werden oder gar nicht richtig ins Gespräch zu kommen.

Ganz anders verläuft es auf Handwerksmessen wie — hier am Beispiel des Fleischer-Handwerks — die Mefa in Zürich, die Slavakto in Utrecht, die Eurocarne in Verona, die Eurobeef in Brüssel, die Öfa in Wels, die Matic in Paris u. a. Hier fährt oft die ganze Familie mit und erwartet selbstverständlich, daß der zuständige Fachberater bereitsteht und gerade für sie Zeit hat. So können verkaufsfördernde Vorführungen mit rationalen und emotionalen Argumenten den Entschluß zum Kauf herbeiführen, wobei die Zielgruppe Handwerk über ihre Mittel meist sehr gut Bescheid weiß, den Überblick hat, auch über weiterlaufende Anschaffungsvorhaben und selbst über die Investition entscheiden kann.

So kommen oft am ersten Messe-Sonntag die Inhaber-Familien auf den Messestand und lassen sich alles zeigen, erklären, vorführen und wollen den Preis wissen. Zuhause, im Laufe der Woche, werden Vorteile und Kosten abgewogen, es wird die Investition besprochen, es wird ausgemessen und die Finanzierung geklärt. Dann, am zweiten Sonntag, wird wieder gemeinsam die Messe besucht. Nach Klärung der anstehenden Fragen wird direkt gekauft. Dabei ist das Einverständnis der Meistersfrau von entscheidender Bedeutung.

Aus diesen Gründen sind Messen, Ausstellungen und Seminare für diese Berufsgruppen übers Wochenende, Feiertage, möglichst über 2 Sonntage ganz wichtig, auch wenn das Standpersonal darüber nicht gerade begeistert sein kann.

Eine Vertretung im Ladengeschäft, in der Produktion, in der Vorbereitung und im Verkauf ist oft nicht möglich und nicht vorhanden. Der Samstagnachmittag, der Sonn- und Feiertag sind aber frei. Hier zieht man sich um und nimmt sich die Zeit.

Für zielgruppengerechtes Arbeiten ist zu beachten: Für Industrie-Messen, Gastronomie-Ausstellungen und Messen für Anstaltsbedarf gelten andere Gesetzmäßigkeiten.

Eine empfehlenswerte Lösung beim Kundenbesuch im Geschäft ist es, mit kurzen Videofilmen und tragbaren Videogeräten zu arbeiten. Ein vorheriger Anruf beim Kunden im Handwerksbetrieb bereitet den Besuch vor. Es wird eine wichtige und interessante Information angekündigt, die nur 15 Minuten dauert. Alles wird vorbereitet mitgebracht. Von 1-Zoll- oder High-Band-Videofilmen werden die Copien auf VHS überspielt und heute selbstverständlich in Color eingesetzt. Der Videofilm in der Landessprache, von Profis gedreht, von Profis gesprochen, muß die Botschaft in psychologisch geschickter Gliederung vermitteln. Das gesamte Gespräch dürfte dann oft nicht mehr als 1 Stunde in Anspruch nehmen.

Zur umfassenden Unterrichtung des möglichen Kunden sind neben anderen Werbemitteln verschiedene Druckschriften vorrätig zu halten: Erzeugnisprospekte, wenn ein bestimmtes Produkt gewünscht wird, Problemlösungsprospekte, wenn Lösungsmöglichkeiten geboten werden können. Dann Branchenprospekte, die alle Anlagen, Systeme und Maschinen für das besuchte Unternehmen aufzeigen und Sammelprospekte in preisgünstiger Kurzfassung und in ausführlicher, repräsentativer Form. Abgerundet werden sollte das Print-Medien-Angebot mit einer meinungsbildenden und meinungspflegenden Druckschrift über das Unternehmen zur Imagebildung. Denn, mit einer gestandenen, gut situierten und soliden Firma arbeitet gerade das Handwerk auch im Ausland am liebsten zusammen.

Wichtig für die Verkaufsförderung sind wohlgeordnete Verkaufsunterlagen. Dazu gehören Argumentenlisten, Tisch-Flip-Charts für den Vortrag genauso wie ein Gesamtkatalog, Preislisten und Auftragsformulare.

Die Hauptarbeit für Verkaufsförderer liegt in der guten Vorbereitung des Verkaufsgeschehens. Was durch die Absatzwerbung und mit Public Relations vorbearbeitet ist, muß durch Verkaufsförderung Unterstützung und Abrundung beim internationalen Außendienst erfahren.

Angespornt durch Aufmunterungsschreiben in den jeweiligen Landessprachen, Verkaufstips, Wettbewerbe, Rennlisten, 100%-Clubs, Siegerehrungen, Gewinne und Auslobungen werden die richtigen Voraussetzungen für das Verkaufen geschaffen.

Auch das Interesse der Ehefrau am Unternehmen und am Geschäft des Außendienstmitarbeiters ist sehr wichtig, denn sie gibt mannigfach Impulse bei der täglichen Verkaufsarbeit. Deshalb ist ihr für Erfolge mit ein Kompliment auszusprechen.

2.1 Konzeption

Die erste Arbeit ist es, eine Konzeption mit zentraler Kernidee zu entwikkeln. Diese sollte mindestens für 1 Jahr gelten und in diesem Zeitraum in Text und Bild Grundlage aller Wissensvermittlungen, Anregungen und Anreize sein.

Empfehlenswert ist es, gleichzeitig stattfindende Großveranstaltungen, allgemeine Anlässe und populäre Ereignisse aufzugreifen. Das sind z. B. Landes-, Europa- und Weltmeisterschaften, internationale Quizsendungen, die Olympischen Spiele, Skirennen und Skispringen, Schachturniere, Auto- und Pferderennen, Schlagerwettbewerbe, Regatten oder vergleichbare Rekordanstrengungen. Firmeninterne Anlässe, Geburtstage maßgeblicher Persönlichkeiten, Jubiläen von Vorständen und Geschäftsführern können ebenfalls geeignete Aufhänger sein.

Den kreativen Vergleichen sind ausschließlich psychologische Grenzen gesetzt: der Verkäufer muß sich einbezogen, angeregt, zum Mitmachen aufgefordert sehen. Zu hohe Ziele, zu große Forderungen schließen das gewünschte „Sichmessen" aus. Die Ziele müssen erreichbar sein, damit der Vergleich zu Höchstleistungen anspornt. Die Motivation für den Wettkampf, den Leistungsvergleich, eben besser zu sein und gute Leistungen zu zeigen, steht im Vordergrund.

Ein griffiges Leitthema, umgesetzt in Symbole und Schlagzeilen, dazu einen durchlaufenden Slogan, schließen die ersten Arbeiten jeweils ab.

Die Gestaltung der einzelnen Verkaufsförderungsmittel darf keinesfalls zu einfach, billig, unpersönlich und lieblos erscheinen. Sie muß geradezu begeistern, der großen Beachtung wert sein und als ganz wichtig anerkannt werden. Deshalb sind gute Papierqualität und mehrfarbige Darstellungen zu wählen. Eine repräsentative Aufmachung aller Impulse macht erst das Wettbewerbsgeschehen für den Verkäufer attraktiv und größeren persönlichen Einsatz wert.

Auf den Wettbewerbsschreiben sollten die Verkäufer bzw. Verkäuferinnen mit ihrem Portrait erscheinen. Alle sehen sich gerne abgebildet und persönlich einbezogen. Eine Sammlung von gleichartigen Fotos der Außendienst-Mitarbeiter in den einzelnen Ländern, gehört zur Grundausstattung für Verkaufsförderungsmaßnahmen. Die Damen und Herren sollten auf den Fotos nicht zu „geschniegelt" aussehen, aber auch nicht zu burschikos wirken. Das Konservative, der goldene Mittelweg, ist empfehlenswert. Deshalb ist eine kurze Regie-Anleitung für die Aufnahmen vorzubereiten und zuzusenden. Es ist selbstverständlich, daß die Aufnahmekosten vom Unternehmen übernommen werden.

Es ist davon auszugehen, daß regelmäßige Jahres-Hauptwettbewerbe die selbstverständlichen Maßnahmen darstellen und Sonderwettbewerbe notwendige Ergänzungen sind. Sie werden bei Bedarf durchgeführt, zur Unterstützung bei der Neueinführung von Produkten, zur speziellen Förderung einzelner Erzeugnisse oder Erzeugnisgruppen, wenn die Erzeugnisplanung nicht mit den verkauften Stückzahlen übereinstimmt. Das bedeutet, daß bei überfüllten Lagern, neben den Werbeaktionen, auch immer Sonderwettbewerbe anzusetzen sind.

2.2 Terminierung

In zweiter Linie sind Termin, Aufbau und Zwischen-Ergebnisse für den wirkungsvollen Verlauf von Verkaufswettbewerben entscheidend. Um den Verkäufer optimal für den Wettbewerb einzustimmen, sollte das Schreiben mit der Ankündigung, den Anforderungen und den Preisen, idealerweise erst am Vortag oder am Starttag, zum Wettbewerb eintreffen und dann aber echte Begeisterung auslösen.

Bereits nach 2 Wochen muß das erste Zwischenergebnis möglich sein und das Mitteilungsschreiben muß den Verkäufer weiterhin stark motivieren. Hierbei könnte die Hälfte des vorgegebenen Verkaufsziels je Monat mit den in diesen ersten 2 Wochen eingegangenen Aufträgen verglichen werden.

Erfahrungsgemäß ist ein Zwischenergebnis zumindest monatlich weiterhin zuzusenden, um die Verkäufer ständig im Wettbewerbsdenken und Wettbewerbshandeln zu halten. — Der Vergleich mit den Kollegen spornt zu neuen Leistungen an. Keiner möchte auf der Rennliste mit seinen Ergebnissen ganz unten stehen. Jeder wird sich bemühen, seinen guten Platz zu erhalten oder den Anschluß wieder zu erreichen.

Der inhaltliche Aufbau und die Gestaltung der Zwischenergebnis-Mitteilungen sind zu beachten. So muß in der gleichen attraktiven Aufmachung die durchgehende Gestaltung, die zentrale Kernidee, mit einem Blick erkennbar sein. Der Verkäufer muß geradezu auf diese Mitteilung warten. Oben sollte der Wertungszeitraum immer am gleichen Platz zu stehen kommen. Inhaltlich wird an die ausgesetzten Preise erinnert, die mit gestalterischem Abstand schon den Plätzen zugeordnet werden. Dadurch entsteht der Eindruck, als hätten diese Außendienst-Mitarbeiter die Preise bereits in Reichweite.

2.3 Motivation

Zum Dritten darf nicht versäumt werden, ein Ergebnis ohne gezieltes werbliches Begleitschreiben herauszugeben. Hierin muß das Erreichte gründlich erläutert, und es muß beratend Einfluß genommen werden. Folgende bekannte Grundregeln für wirkungsvolle Werbebrief-Texte gelten nach wie vor:

1. Persönliche Anrede mit „Sie" und „Ihnen" verwenden und nach Möglichkeit selten „Ich" und „Wir".
2. Kurze im Zusammenhang begreifliche Sätze und kurze Absätze.
3. Die einzelnen Sätze verknüpfen mit „Deshalb...", „Darum...", „Aus diesem Grund...", „So...", „Um so mehr...", „Wenn...", „Dann...".
4. Stimulierende und schmückende Beiworte einbauen.
5. Gedankenstriche, Fragezeichen, Ausrufezeichen und Doppelpunkte einsetzen.

Werblich gut durchdachte Begleitschreiben sind der Mühe wert. Sie ersetzen das persönliche Gespräch und bringen vertrauensvollen Ansporn über weite Entfernungen, in ganz Europa und nach Übersee.

2.4 Preise

Als vierte Aufgabe sind die Wettbewerbspreise anzugehen. Es müssen ideelle Preise und materielle Preise unterschieden werden. — Weil die Wertschätzung dieser zwei Arten unterschiedlich ist, sollten beide Verwendung finden. Es empfiehlt sich eine wohlbedachte Mischung. So springen je nach Mentalität der Außendienstmitarbeiter die einen auf ehrende Anerkennungen an und die anderen auf habhafte Sachpreise.

Als ideelle Preise haben sich bewährt:
1. Titel und Ernennungen,
2. Urkunden und Bescheinigungen,
3. goldene, silberne und bronzene Ehrennadeln,
4. Pokale, Plaketten und Gedenkmünzen.

Als materielle Preise seien genannt:
1. Prämien finanzieller Art,
2. Reisen, Kurzflugreisen,
3. Goldmünzen,
4. praktische oder Luxus-Gegenstände.

Die ausgesetzten Preise müssen alle gut und wunschauslösend beschreibbar sein. Besonders auch auf den zugehörigen Abbildungen sollten sie sich begehrenswert darstellen lassen. Das ist für den notwendigen Anreiz wichtig. Diese Vorteile haben Reisen allemal. Vor allem sind Kurzflugreisen empfehlenswert. Sie sind preisgünstig. Sie bieten ein überraschendes Erlebnis zusätzlich und bringen Anregungen und Abwechslung in den Berufsalltag. Dazu sind die Verkäufer durch einen gewonnenen Preis nicht zu lange der Verkaufsarbeit entzogen.

Es sollten bei den Preis-Überlegungen unbedingt die Ehepartner mit einbezogen werden. Also müssen die Reisen für 2 Personen gelten. Auch bei den praktischen oder den Luxus-Geschenken sollte die Auswahl den möglichen Wünschen der Ehepartner entgegenkommen. Bei Geldprämien ist die Bebilderung ungünstig. Es ist auch denkbar, Preise zur Auswahl anzubieten.

Der Preisfond, also die Wertsumme aller ausgesetzten Preise zusammen, ergibt sich aus dem erreichbaren Mehrumsatz. Folgendes Rechenbeispiel könnte Anwendung finden: Wir erwarten in jenen Ländern ohne Verkaufswettbewerb einen Jahresumsatz von 36 Millionen DM. Das sind im Monat 3 Millionen DM. Sollte der Wettbewerb für 4 Monate angesetzt sein, ergäbe das ohne einen Verkaufswettbewerb 12 Millionen DM Umsatz.

Mit einem richtig durchgeführten Verkaufswettbewerb sind in diesem Falle zwischen 10 % bis 20 % mehr Umsatz zu erzielen. Das wären im Mittel bei 15 % ein Umsatzzuwachs von 1,8 Millionen DM innerhalb dieser 4 Monate. Bei wiederum angenommenem Rabatt von 5 % für Zusatzaufträge eines Kunden wählen wir nur 3 %. Das ergäbe einen Preisfond von 54500,— DM. — Aber auch schon für viel weniger Aufwand lassen sich heiß begehrte und dann umkämpfte Preise auswählen und aussetzen.

2.5 Verkaufsquoten

Als fünfte Sache ist nicht zu vergessen, die Verkaufsquoten zu errechnen. Gerade das sorgt für ehrlichen Wettkampf, für gleiche Chancen und gerechte Bedingungen. Für den einzelnen Verkäufer muß die Handhabung offenliegen, sie muß klar und einwandfrei sein. Und solchen Startbedingungen kann ein erfolgreicher Wettbewerb beginnen.

Die Errechnung von Verkaufsquoten für die einzelnen Verkaufsgebiete beruht auf den regionalen Strukturunterschieden. Grundsätzlich gehen wir bei den Absatzchancen für die Produkte oder Dienstleistungen vom gleichen Verhältnis zu den gegebenen Einwohnerzahlen aus. Dies ist bei allen Ländern mit keinen einschneidenden nationalen Strukturunterschieden möglich. In Europa und in Übersee haben dies oftmalige Berechnungen mit detaillierten Kaufkraft-Kennziffern oder mit kreisweisen Umsätzen von Handwerks-Betrieben u. a. gezeigt. Vereinfachend kann also davon ausgegangen werden, daß die einzelne Bezirksvertreterquote der Berechnung nach Einwohnerzahlen entspricht. Die Erklärung weltweit ist mit folgendem Vergleich deutlich zu machen: Der Nahrungsmittel-Verbrauch ist als Grundbedürfnis im großen und ganzen gleich. In Industriegebieten mit nicht ganz so hohem Lebensstandard wird quantitativ mehr gegessen und in Bereichen mit höherem Lebensstandard wird qualitativ besser gegessen. Das gleicht meist die Verkaufsquoten und damit die Absatzchancen im Exportgeschehen wieder aus.

Wenn keine fundiertere Statistik zur Verfügung steht, ist es empfehlenswert, bei der Vorausberechnung von anzustehenden Verkaufszielen eben die Einwohnerzahl zugrunde zu legen. Diese ist für jeden Verkaufsbezirk leicht zu erkunden und zu errechnen. Sie wird überarbeitet, um Kaufkraft-Schwächen auszugleichen und um überdurchschnittliche Anhäufungen von vornherein auszuschließen. Ein Berechnungsbeispiel soll die mögliche Handhabung erläutern und die Methode aufzeigen, mit der ein Prozentsatz für den Verkaufsanteil je Verkaufsgebiet ermittelt werden kann.

Vertretungen	Zahl der Einwohner in Tausend	Korrektur Grund	Korrektur %	Maßgebende Zahl der Einwohner in Tausend	%-Satz Verkaufsanteil
1. Verkaufsgebiet	730	Verkaufsstellen	8	672	25,6
2. Verkaufsgebiet	670	—	—	670	25,6
3. Verkaufsgebiet	840	Kaufkraft	19	681	26,0
4. Verkaufsgebiet	650	Verkaufsstellen	8	598	22,9
Gesamt	2890			2621	100 %

Nun ist noch die Gesamtquote anzusetzen. Es gilt der Grundsatz, daß die Gesamtquote für alle Verkaufsgebiete in den Ländern nicht zu hoch festgelegt werden sollte. Eine für die einzelnen Verkäufer günstigere Handhabung bringt mehr Ansporn, läßt das Verkaufsziel leichter erreichen und bringt letztlich mehr Erfolg. Auch die anstehende Wettbewerbs-Situation sollte ohne Berücksichtigung bleiben. Ein sich anbahnender Verkaufstrend, die Marktlage und konjunkturelle Entwicklung können mit einem minimalen Ab- oder Zuschlag zum Tragen kommen. So können die erreichten Vormonats-Umsätze aller Gebietsvertreter die durchschnittliche gesamte Monatsquote für den Verkaufswettbewerb ergeben.

Sicherlich können als gerechte Verkaufsziele auch die bisherigen persönlichen Leistungen der Verkäufer herangezogen werden. Diese hätten aber den Nachteil, daß sie bei bisher geringem Einsatz leicht übertroffen werden können und bei bisher hohem Einsatz wahrscheinlich nicht erreichbar sind.

Jetzt gilt es mit dem Prozentschlüssel die berichtigte Gesamtquote auf die Verkaufsgebiete zu verteilen. Daraus ergeben sich die verkäuferspezifischen Verkaufsziele. Diese werden den Verkäufern in einem persönlich gehaltenen Schreiben zusammen mit der Wettbewerbsausschreibung mitgeteilt. Einzufügen ist: „Wenn Sie Ihr Verkaufsziel je Monat am weitesten übertreffen, erhalten Sie den 1. Preis, der Zweitbeste erhält den 2. Preis, der Drittbeste den 3. Preis usw. Voraussetzung aber ist, daß 100 % Verkaufsleistung erreicht wird".

Um für bestimmte wichtige Erzeugnisse mehr Verkaufsleistung zu erreichen, könnte im Wettbewerb ein Mindestverkauf Bedingung und Voraussetzung sein. Allgemein kann das Verkaufsziel in Geld oder in Stückzahlen benannt und mitgeteilt werden.

Letztlich entscheidend beim Verkaufswettbewerb ist die Wertung nach Auftragseingang oder nach Rechnungsausgang. Beide Möglichkeiten haben gravierende Vor- und Nachteile. Der Auftragseingang enthält auch Aufträge, die vom Kunden später storniert werden, also nicht zur Auslieferung kommen. Solche würden dem Verkäufer ungerechterweise Vorteile bringen. Auf der anderen Seite spornt, weil die Erfolge frühzeitiger zu sehen sind, diese Wertung viel mehr an. Dies gilt ganz besonders für die Endphase im Wettbewerb, in der sich echte Spitzenverkäufer besonders einsetzen und um jeden Auftrag kämpfen. Den echten Umsatz allerdings ergibt der Rechnungsausgang. Hier liegt die bereits durchgeführte Auslieferung zugrunde und es wird die erbrachte Leistung gerecht gewertet. Nachteilig ist aber ein vom Kunden gewünschter späterer Auslieferungstermin. Das könnte ein Termin nach Ablauf des Wettbewerbs sein und dieser Auftrag würde bei den Endergebnissen nicht mitgewertet werden. So ist erfahrungsgemäß ein Kompromiß mit vorgeschriebenem Lieferdatum anzuraten.

Wirtschaftliche Wettbewerbe für Export-Verkäufer und -fachberater beim Handwerk sind im allgemeinen auf andere Zielgruppen übertragbar; sie sind aber in den Details jeweils spezifisch zu erarbeiten und durchzuführen, um den angestrebten Erfolg im Ausland zu erreichen.

Zusammenfassend gehört die Verkaufsschulung und Übermittlung von Produktwissen und empfehlenswerten Problemlösungen, die Didaktik,

Empfehlungen im Aussehen und Auftreten gegenüber den Kunden, mit dazu. Ganz entscheidend aber ist die Motivierung, die Begeisterung für gute Produkte und für ihren vorteilhaften Einsatz, für die Zukunft im Geschäft und im Betrieb des Kunden.

Die richtige Einstellung zur Zielgruppe ist Voraussetzung für wirkungsvolle verkaufsfördernde Botschaften und Maßnahmen. Die passenden Worte und greifende visuelle Darstellungen passend für die einzelnen Länder, schaffen die notwendigen Grundlagen für eine vertrauensvolle und jahrzehntelange gute Zusammenarbeit und den Exporterfolg mit Verkaufsförderung im Marketing-Mix.

Management by Konfuzius
Aus den Erfahrungen der DÜRR GmbH in China

von Dieter Meinecke

Der Mensch hat dreierlei Wege, klug zu handeln:
— Erstens durch Nachdenken, das ist der edelste
— Zweitens durch Nachahmen, das ist der leichteste
— Drittens durch Erfahrung, das ist der bitterste

1   Das Unternehmen
1.1 DÜRR — ein Systemhaus
1.2 Das DÜRR-Produkt- und Leistungsangebot
2   Die Ausgangssituation vor dem Einstieg in den Markt
3   Einstiegs-Know-how
4   Die Planungsphase
5   Die Vertrags- und Realisierungsphase
6   Die Realisierung und Betreuung eines erfolgreichen Projekts

1 Das Unternehmen

1.1 DÜRR — ein Systemhaus

DÜRR gehörte zu jedem Zeitpunkt bei der Einführung neuer Technologien zu den Pionieren. Bereits 1963 hat DÜRR die erste Elektrotauch-Lackieranlage Europas erstellt und mit VERTAK, dem vertikalen Tauchen von Automobilkarossen, 1970 neue Wege aufgezeigt. Heute sind es schadstoffarme und energiesparende Lackierverfahren, neue Lösungen in der Abluft- und Abwasserreinigung, integrierte Gesamtsysteme, deren Verfahren und Techniken DÜRR wesentlich mitbeeinflußt oder selbst entwickelt hat.

Die Hinwendung zum Systemhaus hat bei DÜRR Tradition. DÜRR denkt und handelt in Systemlösungen. Produkteinheiten arbeiten im System und kontrollieren die Funktionsabläufe gegenseitig. In der Praxis heißt das, daß einzelne Teilbereiche, z. B. in einer Automobilfabrik, nicht mehr isoliert betrachtet, sondern nahtlos in ein Gesamtsystem integriert werden müssen.

DÜRR entwickelt solche Systemlösungen, die die Voraussetzung für die Wirtschaftlichkeit von Gesamtanlagen sind. DÜRR baut solche Gesamtanlagen, insbesondere für die Automobilindustrie.

1.2 Das DÜRR-Produkt- und Leistungsangebot

Die einzelnen DÜRR-Produkte mit ihrem speziellen Know-how sind Bausteine für Systemlösungen (Abb. 1):
— LACKIERTECHNIK
— AUTOMATEN UND FÖRDERTECHNIK
— REINIGUNGSTECHNIK
— UMWELTTECHNIK

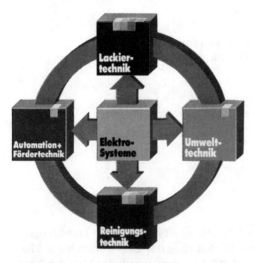

Abb. 1: Das Produktangebot

Zusammen ergeben diese Bausteine ein integriertes Ganzes, wie es zum Beispiel in einer Automobilfabrik gefordert wird.

Die komplexen Aufgabenstellungen moderner Fertigungssysteme haben eine neue Dimension in Planung und Projektbegleitung ausgelöst.

Das DÜRR-Leistungsangebot umfaßt in einem System die Phasen (Abb. 2):
— PLANUNG
— REALISIERUNG
— BETREUUNG

Abb. 2: Das Leistungsangebot

In enger Zusammenarbeit mit den Kunden übernimmt DÜRR das Projektmanagement für einzelne Stufen, wie auch für die Gesamtlösungen — von der Vorplanung bis zum Systemservice.

Dem Anspruch, an jedem Ort der Welt stets den neuesten Erfahrungsstand der Technik zu bieten, wird DÜRR durch seinen Informationsverbund — in einem weltweiten System gerecht. DÜRR ist weltweit in 10 Ländern mit eigenen Unternehmen tätig; Kooperationspartner und Repräsentanten stehen in vielen weiteren Ländern zur Verfügung.

Durch die Möglichkeiten eines unmittelbaren Know-how-Transfers und durch die enge interne Kommunikation steht diese internationale Erfahrung der DÜRR-Gruppe jedem DÜRR-Einzelunternehmen und letztendlich jedem DÜRR-Kunden jederzeit und an jedem Ort der Welt zur Verfügung.

Basierend auf seinem Produktprogramm und seinem Leistungsangebot gewährleistet DÜRR als ein Systemhaus damit weltweit den gleichen hohen Standard.

Abb. 3: Der Informationsverbund

2 Die Ausgangssituation vor dem Einstieg in den Markt

Ein großer deutscher Automobilkonzern hat beschlossen, in der Volksrepublik CHINA Autos zu bauen, zusammen mit einem chinesischen Kooperationspartner. Eine neue Automobilfabrik sollte entstehen und einen wesentlichen Teil dieser Fabrik sollte DÜRR planen, bauen und realisieren: eine komplette Lackieranlage, integriert in das Gesamtsystem der neuen Fabrik, quasi eine Fabrik in der Fabrik.

Was die Aufgabe für DÜRR wesentlich erschwerte, war, daß der überwiegende Teil der Lackieranlage in China selbst hergestellt werden sollte, mit chinesischem Rohmaterial, chinesischen Kaufteilen und chinesischen Ingenieuren und Arbeitern. Und das unter der Verantwortung von DÜRR in einer verhältnismäßig kurzen Zeit.

In Deutschland und im westlichen Ausland wäre das sicherlich kein Problem für DÜRR gewesen: Das Know-how ist vorhanden, Systemlösungen gibt es. Nur: Wie für viele deutsche Unternehmen war China auch für DÜRR für ein derartig großes Projekt Neuland. Trotzdem: Die technische Herausforderung wurde angenommen; das war DÜRR seinem deutschen Kunden und den chinesischen Partnern schuldig. Und zu Beginn des Projektes wußten wir nur eines: Eine Bearbeitung vom „grünen Tisch" aus ist unrealistisch. Wir mußten vor Ort, um später wirkliche Maßarbeit leisten zu können.

In diesem Zusammenhang ein erster Hinweis aus dem „Management by Konfuzius": Der bitterste Weg, klug zu handeln, ist der Weg der Erfahrung, und Erfahrungen sind meistens Maßarbeit, die nur dem passen, der sie selbst macht. Unser Weg soll daher keineswegs als „Gebrauchsanleitung für China" verstanden werden.

3 Einstiegs-Know-how

Nur wer China *kennt,* seine Möglichkeiten und seine Grenzen bezüglich Realisierung eines großen Projektes, nur derjenige *kann* das Projekt auch optimal durchführen, wird mit der Zeit zum *Könner* — und er wird automatisch an den Punkt gelangen, wo es „Brücken zu bauen" gilt. Brücken, zwischen Wunschvorstellung und Machbarkeit.

Zum Exportieren benötigt man nicht nur gute, also markt- und bedarfsgerechte Produkte und aufnahmefähige Märkte, sondern auch „Brückenbauer", nämlich Leute, die mit dem nötigen Fachwissen, einer großen Einsatzbereitschaft und dem Mut zur Wagnis das bei uns vorhandene Angebot mit dem Bedarf und der Nachfrage in aller Herren Länder zusammenbringen können.

Für uns und für unser China-Projekt hat das bedeutet: wie wir es in Deutschland machen, wissen wir. Wir wissen, welches Material benötigt wird, wir wissen, wie wir planen, konstruieren und fertigen müssen. Wir kennen die Qualifikationen unserer Ingenieure und Facharbeiter und wir können die Zeit einschätzen, die notwendig ist, hier in Deutschland ein derartiges Projekt zu realisieren.

Aus unseren internationalen Aktivitäten heraus wissen wir ebenfalls, daß das chinesische Sprichwort: „Einmal vor Ort sehen, ist besser, als hundertmal lesen" seine realistische Berechtigung hat.

Und so haben wir uns mit deutschen Vorstellungen, Hilfsmitteln und Systemlösungen aufgemacht, in China herauszufinden, inwieweit unsere Vorstellungen übertragbar, nach China transferfähig sind. Wir begannen, Brücken zwischen Idealvorstellungen und Machbarkeit zwischen China und Deutschland zu bauen; begehbare Brücken, mit denen wir die Zielvorstellungen unseres deutschen Kunden und seiner chinesischen Partner zumindest annähernd realisieren konnten. Zugegebenerweise muß betont werden, daß hinter dieser Aussage ein langer und teilweise dornenreicher Weg lag, nüchterne Erfahrungen und teilweise auch bittere.

Und zwei weitere Hinweise in diesem Zusammenhang:
— Wer nicht in einer sehr frühen Phase direkt vor Ort geht, sich nicht mit den china-spezifischen Gegebenheiten vertraut macht, wird nach unse-

rer Erfahrung nicht in der Lage sein, ein großes Projekt erfolgreich durchzuführen, und:
— Das „Narrengesetz": Man kann *nichts* narrensicher machen, denn die Narren sind viel zu einfallsreich.

4 Die Planungsphase

Unter Punkt 2 dieser Ausführungen wurde die Ausgangssituation skizziert: Der Bau einer kompletten Lackieranlage, zum überwiegenden Teil in China, nach deutschen Qualitätsmaßstäben, in einer verhältnismäßig kurzen Zeit. Die Aussagen in Punkt 3 sollten verdeutlichen, daß es notwendig ist, mit „Brückenbauern" vor Ort zu gehen, um zu „sehen", was machbar ist.

Nun sind wir da, in China — „vor Ort" — zusammen mit Geschäftsfreunden und chinesischen Partnern, die wir uns vorher gesucht haben und die uns mit ihrem china-spezifischen Know-how wertvolle Tips gaben.

Natürlich waren wir *vorbereitet* vor Ort, ausgerüstet mit vielen Tabellen, Aufstellungen, Planungsdaten und mit „1000 Fragen".

Ein weiterer Hinweis in diesem Zusammenhang: Laufen Sie nicht mit deutschen „Scheuklappen" herum, stellen Sie *alle* und *jede* Fragen, scheuen Sie sich auch nicht, bei „Adam und Eva" zu beginnen, setzen Sie *nichts* voraus: Es gibt keine „dummen" Fragen, höchstens dumme Antworten. Agieren Sie darum nach dem Motto: „Wer fragt, gewinnt!"

Es würde den Rahmen sprengen, nun über alle Details zu berichten, die wichtig für unsere Aufgabe waren. Im Rahmen unserer Aufgabenstellung gehörte jedoch zu unserer Vor-Ort-Analyse u. a.:

— Welches Rohmaterial gibt es in China?
— In welchen Güteklassen?
— Zu welchen *(realistischen)* Lieferzeiten?
— Zu welchen kg-Preisen?

Die gleichen Fragestellungen treffen auf Halbfertig-/Fertigfabrikate zu (Pumpen, Flansche, Motoren etc.).

Zu beachten sei dabei, daß es von Provinz zu Provinz in China, zu bestimmten Zeiten, bei bestimmten Projekten etc. ganz beachtliche Unterschiede in den Antworten gibt. *Merke:* „China ist nicht = China". Unsere Erfahrung lehrt ebenfalls, daß „Preis nicht = Preis" in China ist: Wenn Sie als „Langnase", wie man uns Europäer in China bezeichnet, *alleine* Preisverhandlungen führen, werden die Preise immer höher liegen, als wenn man chinesische Partner in die Preisverhandlungen mit einbezieht. Ob es nun nur an Sprachbarrieren liegt oder nicht, soll an dieser Stelle nicht beurteilt werden.

Für die Realisierung unserer Aufgabe waren weitergehende Fragen wichtig:

— Wieviel Lieferanten/Hersteller gibt es vor Ort, die ggf. als Zulieferer für uns arbeiten könnten?
— Wie sieht es mit ihrer Größe, Bonität, Image aus?
— Welche Fertigungskapazitäten sind vorhanden?
— Wie sieht die maschinelle Einrichtung beim möglichen Lieferanten aus?
— Welche Fertigungspreise sind üblich? (kg- oder anlagenbezogene Preise?)
— Wie hoch sind die Lohn-Stundensätze?
— Wie erfolgt die Preisbildung? Angabe von Preisen für: kg-/gefertigt bzw. kg-/gefertigt und montiert.
— Welche Qualifikationen hat ein chinesischer Facharbeiter? (Gibt es überhaupt, wie in Deutschland, Schweißer, Schlosser etc.?)
— Wie sieht es mit der Belastbarkeit, der Intensität chinesischer Arbeiter aus? (Ist ein chinesischer Arbeiter gleichzusetzen mit einem deutschen Arbeiter?)

Da Erfahrungen Maßarbeit sind, die nur dem passen, der sie macht, muß es dem geneigten Leser überlassen bleiben, „seine" Fragen für „sein" Projekt zu finden. Angemerkt werden sollten allerdings noch folgende Ratschläge:

— Schalten Sie immer „Freunde" vor Ort mit in Ihre Belange ein. Das können zum Beispiel deutsche Firmen sein, die schon einschlägige Erfahrungen gemacht haben, deutsche, ausländische und chinesische Banken, die in der Regel (und bei klarer Aufgabendefinition) gern weiterhelfen, die Handelsabteilung der Deutschen Botschaft (die Sie allerdings frühzeitig detailliert informieren sollten) oder chinesische Partner aus chinesischen Handelshäusern (die es heute schon gibt) für eine „Minimal-Kooperation", denn auch der Austausch von Grundinformationen ist bereits die erste Form einer (von Chinesen so sehr gewünschten) Kooperation.

— Erst die Resultate aus Ihrer Analyse versetzen Sie *wirklich* in die Lage, den Umfang des chinesischen Lokalanteiles, seine Lieferzeit und seinen Preis realistisch zu bestimmen, und erst dann ist es Ihnen eigentlich möglich, ein seriöses Angebot für ein Gesamtprojekt abzugeben, welches in ein Gesamtsystem optimal integriert werden kann.

Erst dann nämlich haben Sie ein Wissen erlangt, die Macht oder das Durchsetzungsvermögen, Wunschvorstellungen zu verändern — umzustellen auf eine realistische Zielvorstellung.

5 Die Vertrags- und Realisierungsphase

Ihre Produkte und Ihr Leistungsangebot sind bekannt; die Ausgangssituation wurde Ihnen vorgegeben; sie haben „Brückenbauer" nach China entsandt, dort „Bausteine" geschaffen; sich vor Ort kundig gemacht und es letztendlich auch annähernd geschafft, Wünsche und Realitäten in Einklang zu bringen.

Wenn Sie es „richtig" gemacht haben, liegt nun bereits ein langer und ernüchternder Weg hinter Ihnen. Jetzt verstehen Sie auch schon besser, was mit dem „Management by Konfuzius" ausgedrückt werden sollte, denn Sie haben *nachgedacht,* teilweise *nachgeahmt* und — das Wichtigste — Sie haben vor Ort „Ihre" *Erfahrungen* gemacht.

Was sollte jetzt eigentlich noch „schiefgehen"? Aber auch hierzu gibt es eine Anmerkung, nämlich das Gesetz des Professor Murphy: „Wenn etwas schief gehen kann, geht es meist auch schief — und das im denkbar ungünstigsten Augenblick."

„Verhinderer", nicht „Unternehmer" ergänzen dann gern das oben genannte Gesetz: . . . "darum lassen wir es am besten ganz! — . . ."

Weil wir jedoch „Unternehmer" sind, läßt sich aus oben Gesagtem zweierlei ableiten:

— Zu jeder Entscheidung gehört eine Risikoprüfung und gegebenenfalls die Infragestellung der Entscheidung (siehe „Änderung von Wunschvorstellungen in realistische Ziele").
— Wer erkannte Risiken nicht im Rahmen des Möglichen zu vermindern sucht, handelt als vertriebsorientierter Manager verantwortungslos.

Was bedeutet das nun für die vor uns liegende Vertrags- und Realisierungsphase?

Bereits hier wiederum ein Hinweis:
— Nicht nur Professionals, auch Amateure wissen es: *„Ohne* richtig gespannte Schläger geht man nicht auf den Tennisplatz".

Für Ihre Praxis bedeuten die bisher gewonnenen Erkenntnisse folgendes:
— Es nützt Ihnen gar nichts, wenn Sie meinen, mögliche Probleme im Chinageschäft erkannt zu haben, wenn Sie nicht gleichzeitig bereit sind, die für Ihr Projekt erkannten Gefahren zu bannen.

Zu „bannen" heißt im Klartext für Sie, daß Sie Ihren Vertragspartner, Ihren Kunden voll über Ihre gewonnenen Erkenntnisse informieren, gemeinsame Lösungen erarbeiten, die möglicherweise bisherigen Zielvorstellungen Ihres Kunden revidieren. Wenn es sein muß, sei es angeraten, zusammen mit Ihrem Kunden vor Ort die gewonnenen Erkenntnisse nochmals nachzuvollziehen. Einige Beispiele dazu:

— Wir haben die Erfahrung gemacht, daß es einige Rohstoffe nur im beschränkten Umfang oder gar nicht in China gibt;
— daß die Güte von Rohstoffen, Halbfertig- oder Fertigerzeugnissen nicht unserem deutschen Qualitätsmaßstab entspricht;
— daß die Lieferzeiten für Rohstoffe etc. so unrealistisch lang waren, daß ein Einkauf vor Ort nicht infrage kam;
— daß deutsche Konstruktionszeichnungen erst in „chinesische Version" transferiert werden müssen, bevor danach eine Fertigung von Teilen erfolgen kann;
— daß ein chinesischer Hersteller für die Bewältigung einer fest definierten Arbeit viel längere Zeit benötigt, als es in Deutschland der Fall ist;
— daß es qualifizierte Facharbeiter, wie in Deutschland, nicht (immer) gibt.

Diese Liste könnte beliebig fortgesetzt werden — eine wichtige Erkenntnis für uns war in diesem Zusammenhang jedoch auch folgendes:

Wie soll ein chinesischer Partner überhaupt wissen, was Norm, Qualität, Intensität der Arbeit, Liefertermin etc. in Deutschland bedeuten? Aus seiner Sicht — gemessen an den Usancen und Gegebenheiten in China — wird er auf alle Fragen positive Antworten bereithalten, ob es nun um die Qualität, die Verfügbarkeit von Material oder um Termintreue geht. Aus „seiner" Sicht meint er, unsere Fragen richtig und ehrlich zu beantworten. Unser Fehler ist es jedoch zumeist, daß wir uns nicht detailliert genug mit den eigentlichen Hintergründen in China befassen. Es ist daher *allein* unsere Aufgabe, Divergenzen und Unterschiede in den Aussagen — im wahrsten Sinne des Wortes — zu „ergründen".

Wenn wir den Dingen nicht auf den Grund gehen, könnte Professor Murphy recht behalten. Haben wir jedoch mögliche Risiken erkannt, dann müssen wir diese Erkenntnisse auch im Liefervertrag umsetzen.

Ein weiterer Ratschlag aus der Praxis: Die Vereinbarungen, die Sie mit Ihrem Kunden treffen, müssen durchgängig gemacht werden in den Verträgen, die Sie ggf. mit chinesischen Unterlieferanten abschließen:

— Lieferumfänge klar und eindeutig definieren (inkl. Transport und Montage);
— „Deutsche Anforderungen" festschreiben (Qualität, Güten);
— Festpreise vereinbaren;
— Fixe Liefer- und Montagetermine vereinbaren;
— Haftungsfragen regeln;
— Auftragsablauf durch professionelle Instrumente steuern und festlegen.

Auch diese Hinweise stellen nur ein Teilspektrum dessen dar, was in der Praxis berücksichtigt werden sollte; weitergehende Details würden jedoch den Rahmen dieses Beitrages sprengen.

6 Die Realisierung und Betreuung eines erfolgreichen Projekts

Die beschriebene Ausgangssituation — möglicherweise aufgrund der „Erfahrungen vor Ort" modifiziert — ist bekannt, Ziele, Rechte und Pflichten wurden in Verträgen fixiert und nunmehr muß das Projekt „Bau einer kompletten Lackieranlage in China" abgewickelt, d. h. praktisch durchgeführt werden.

Dazu eine Vorbemerkung: Die Geschäftsentwicklung der Anlagenbauer in der Investitionsgüterindustrie verlief in den letzten Jahren überdurchschnittlich. Allerdings *nicht* nur im Umsatzvolumen, *sondern auch in Art und Umfang der Risiken*. Risiken, zum Teil als Folge besonderer Anforderungen im Anlagenbau, zusätzlich jedoch durch vielfältige Unwägbarkeiten in den Entwicklungs- und Schwellenländern. So gibt es erfolgreiche Unternehmen und andere, die mit geringerem Gewinn — oft sogar mit Verlust arbeiten.

Ein Weiser hat einmal die Feststellung getroffen: „Der Weg zum Erfolg hat viele Schlaglöcher." Wie richtig!

Nach unserer Erfahrung sind insbesondere zwei Faktoren für den Erfolg ausschlaggebend:
— die Qualität und Intensität der Risikoerkennung und -beurteilung durch phantasievolles Vorausdenken und Maßnahmen zur Risikokontrolle und -bewältigung (darüber wurde bereits ausführlich gesprochen);
— die Erkenntnis, daß es auch in der Projektabwicklung noch Störfälle, z. B. durch die Interessenkollision der Projektbeteiligten geben kann, und das Fazit daraus: Risikopolitik sollte für den Anlagenbauer daher ebenso wichtig sein, wie Leistungsfähigkeit und Preis.

Basierend auf diesen Erkenntnissen hat das Projektmanagement von DÜRR in China die Ziele erfolgreich realisiert. Da es Ziel dieses Beitrages sein soll, den geneigten Leser „sensitiv" zu machen, aufnahmebereit für besondere Probleme, muß nochmals auf das „Management by Konfuzius" und auf den bittersten Weg, nämlich den, der Erfahrung zurückgekommen werden. Die vorgenannten „Schlaglöcher" und Ursachen für mögliche Störfälle sollen stichwortartig in einer sogenannten Suchraster-Checkliste dargestellt werden und es soll dem Leser überlassen bleiben, Details — aus eigener Erfahrung — zu vertiefen.

Beginnen wir mit Goethe: „Ein gewarnter Mensch ist schon halb gerettet". Ganz jedoch erst, wenn aus erkannten Gefahren Schlußfolgerungen gezogen und risikominimierende Maßnahmen eingeleitet werden. Die folgende Störfall-Suchrasterliste möge Ihnen dazu helfen:

— Mängel in Infrastruktur, Versorgung, Kommunikation;
— Schwierigkeiten in Zusammenarbeit vor Ort durch Mentalität und Sprache bezüglich Preisfindung, Rohmaterial, Qualität der Arbeit, Quantität der Arbeit (Zeit ist „relativ");
— Administrative Hemmnisse: „Flagge" — es soll mit chinesischen Schiffen gefahren werden, die kaum termingerecht verfügbar sind, da in China vielfach die Häfen verstopft sind, Erlangung der Importlizenz, Devisentransfergenehmigungen beanspruchen eine über Gebühr lange Zeit, eine „Open-Case-Inspektion" nach Löschen der Waren bringt große Verzögerungen und Probleme mit sich, verbunden mit zeitraubenden Zollproblemen, Steuerrisiken müssen zeitraubend minimiert werden.
— Vertragsabschlüsse beanspruchen enorm viel Zeit, akkreditivähnliche Dokumente sind fehlerhaft, Erlangung von Bankbürgschaften erfordert großen Zeitaufwand;
— Erlangung konkreter Informationen ist schwierig. Es braucht seine Zeit, um bei chinesischen Partnern herauszufinden, wer der sogenannte „Wasser-Träger" und wer der „Entscheidungs-Träger" ist.

Auch eine „Störfall-Suchraster"-Liste könnte natürlich noch viel weiter helfen. Jedoch auch das würde den vorgegebenen Rahmen hier sprengen.

Zusammenfassend abschließend:

Der Markt in China verlangt Realismus, eine gesunde Portion Skepsis, auch Intuition und Phantasie, Menschenkenntnis und Anpassungsfähigkeit. Das alles gehört dazu und natürlich das Glück, das bekanntlich dem Tüchtigen zuerst lächelt.

Eine Phantasiemarke erobert den Weltmarkt
UHU im fünften Kontinent

von Jörg Fuß

1 Das Unternehmen und sein Produkt
2 Die Ausgangssituation vor dem Einstieg in Australien
3 Die ersten Schritte
4 Maßnahmen zum Markteinstieg
5 Der langfristige Erfolg

Warum der berühmte Alleskleber gerade UHU heißt, weiß heute niemand mehr genau zu sagen. Sicher ist nur, daß er in einer Zeit geboren wurde, als zahlreiche Vogelgattungen für Markennamen aus dem Büro- und Schreibbedarf Pate standen. Pelikan, Marabu, Greif oder Schwan sind die bekanntesten Beispiele. Tatsächlich hat der wirkliche Uhu mit Klebstoffen, soweit bekannt ist, so gut wie nichts gemeinsam.

Heute steht UHU als Synonym für den Alleskleber schlechthin. Ob im Haushalt oder Büro, in der Werkstatt oder Schule, im Falle eines Falles klebt UHU wirklich alles. Jedes Kind kennt UHU, und selbst die Farbkombination gelb/schwarz wird von 98 % befragter Bundesbürger mit UHU in Verbindung gebracht. Glas, Porzellan, Keramik, Leder, Gummi, Metall, Papier, Kork, Holz oder jeder beliebige Kunststoff wird mit einem Kleber aus der UHU-Serie schnell und fest verbunden.

1 Das Unternehmen und sein Produkt

1932 entwickelt August Fischer den ersten transparenten UHU-Alleskleber. Schon in den Anfangsjahren orientiert sich der Erfinder sehr stark am Markt und verändert sein Produkt, als neue Materialien entstehen, die geklebt werden wollen. Der neuen Bewegung im Flugzeugmodellbau trägt der damals noch kleine Betrieb in den dreißiger Jahren durch eine besonders geeignete Kleberezeptur Rechnung. Damit eröffnet sich Fischer neue Märkte und sichert zunehmend Bestand und Erfolg des Unternehmens. Marktsegmentierung ist für das Unternehmen von Anfang an ein wichtiges strategisches Instrument. „Der kleine UHU", ein preisgünstiger Bausatz für ein zuverlässiges Modellflugzeug, begründete in diesen Jahren einen der größten Jugendwettbewerbe der Welt. 1990 zum 35. Mal ausgetragen, ist er für jeden Jungen ein Begriff. Die Aktion stellt ein Musterbeispiel kontrollierter Marktsegmentabdeckung dar.

Das Jahr 1970 kennzeichnet den Beginn einer neuen Ära des traditionellen Familienunternehmens. Die Beecham-Gruppe, London übernimmt das Unternehmen FISCHER und vereinigt es vier Jahre später mit den LINGNER-Werken in Düsseldorf. 1989 wird die Lingner + Fischer GmbH an ein Konsortium verkauft, das von der Citicorp Venture Capital angeführt wird. Heute setzt die UHU GmbH in Bühl/Baden die erfolgreiche Marketingstrategie des Firmengründers fort und exportiert die Produkte in über 80 Länder rund um den Erdball.

Das gegenwärtige UHU-Programm ist größer, besser und umfassender als je zuvor und bietet nahezu für jeden Anwendungsfall einen passenden Kleber in Flasche, Tube, oder Stick (s. Abb.). In hochtechnisierten Produktionsanlagen wird der Qualitätsstand der insgesamt 60 verschiedenen Produkte genauestens überwacht. UHU macht das Kleben zu Hause, in der Schule oder im Büro einfacher.

UHU Glue Center

Wie es von einer Weltmarke wie UHU erwartet wird, sind Innovationen und neue Produktionsverfahren ständig in der Entwicklung. Ein jüngeres Beispiel ist der UHU Stic, der das schnelle, saubere und bequeme Kleben von Papier, Pappe, Photos und vielem mehr ermöglicht.

Für das Management der UHU GmbH steht der Begriff UHU für Kompetenz in der Entwicklung und im Marketing von Klebstoffen, was sich in den internationalen Erfolgen des Unternehmens widerspiegelt, vor allem in früher von lokalen Marken beherrschten Überseeländern. Laut Exportleiter Theo Krygier hat es das Unternehmen verstanden, in Europa seine Marktstellung zu verstärken und gleichzeitig beachtliche Marktanteile in Nord-Amerika und den Fernostmärkten zu erobern. Das dynamische Wachstum der letzten Jahre läßt das Management mit wachsendem Optimismus in die Zukunft blicken, und das Ziel, UHU an die Spitze der Klebstoffhersteller zu bringen, rückt immer näher.

Daß dieses Ziel ohne großen Einsatz und beharrlichen Willen nicht zu erreichen ist, zeigt der Blick in die jüngste Vergangenheit.

2 Die Ausgangssituation vor dem Einstieg in Australien

In den frühen siebziger Jahren hatte UHU die europäischen Märkte weitgehend erobert, die Marktanteile näherten sich einer Sättigung, und ein weiteres Wachstum schien nur über den Eintritt in neue Märkte möglich. Aus Gründen der Unternehmenssicherung war das notwendig, das Risiko mußte auf breiter Basis gestellt werden. Neben dem konsequenten Markteintritt in USA wurde entschieden, im südostasiatischen Raum Fuß zu fassen:

Thailand, Singapur, Malaysia, Hongkong, Indonesien, Australien, Neuseeland.

Obwohl Australien mit seinen 15 Millionen Einwohnern nicht zu den bevölkerungsreichsten dieser Länder zählt, schien es doch aufgrund der Bevölkerungsstruktur der attraktivste Markt zu sein:
— Die Bevölkerung besteht überwiegend aus Einwanderern mit europäischen Verbrauchergewohnheiten.
— Es wird hauptsächlich englisch gesprochen, häufig auch deutsch.
— Die Kaufkraft ist hoch.
— Das Schulsystem ist europäisch. Werken und Basteln ist ein wichtiger Teil des Unterrichts.

Vor allem der letztgenannte Aspekt ist für das Unternehmen verständlicherweise ein sehr wesentlicher, denn er beeinflußt den Absatz in beträchtlichem Maße. Daß in Australien jedoch im privaten Bereich nicht so viel gebastelt wird wie in Deutschland, war eigentlich zu erwarten. Die Winter sind eben bei weitem nicht so lang und kalt wie in Mitteleuropa, so daß die Kinder ihre Freizeit auch in diesen Monaten vorwiegend im Freien verbringen. Andererseits waren die in anderen Ländern mit ausgeprägtem „Outdoor-Life" gemachten Erfahrungen bei der Einführung von UHU-Klebstoffen durchaus positiv. Zwar waren Länder wie Griechenland, Iran oder Saudi Arabien keine ausgesprochenen Bastelländer, doch kam UHU in kurzer Zeit mit seinen moderneren Produkten zur Marktführerschaft. Die Verbraucher erkannten sehr schnell die Vorteile gegenüber den wässrigen, pasteuseartigen Klebern, bei denen sich besonders am Meer, also bei hoher Luftfeuchtigkeit, das Papier wellt, und die Klebstoffe nur sehr langsam trocknen.

Zunächst sprach also die Analyse der volkswirtschaftlichen Daten und ihr Vergleich mit den europäischen Märkten für einen vielversprechenden Einstieg. Die Schlußfolgerung, der australische Markt mit seinen 15 Millionen Einwohnern müßte etwa einem Viertel des deutschen Marktes (60 Millionen) entsprechen, war jedoch aus den genannten Gründen nicht haltbar.

3 Die ersten Schritte

Ein Klebstoff ist ein Verbrauchsgut, das über festgelegte Wege zum Kunden gelangt: Hersteller → Importeur → Distributor → Fachgeschäft → Kunde. Das Wichtigste war zunächst, für die Erhältlichkeit des Produkts in Australien zu sorgen. Dazu war die Verbindung mit einem Importeur herzustellen.

Die erste Reise des Exportleiters nach Australien fand 1973 statt. Zur Vorbereitung hatte er 2 Monate vorher in den bedeutendsten Tageszeitungen in der Hauptstadt Sydney Inserate aufgegeben: „Namhafter deutscher Hersteller im Bereich Schreibwaren/Bürobedarf sucht interessierten Importeur/Distributeur . . .". In diesen Anzeigen erschien weder der Markenname UHU noch der Name der Herstellerfirma, denn es war damit zu rechnen, daß sich unter diesem Namen niemand etwas vorstellen konnte. Ein Klebstoff ist nun einmal ein „low interest item".

Der erste Weg nach der Einquartierung im Hotel führte den Exportleiter zu den Zeitungsverlagen. Die Spannung vor dem Öffnen der insgesamt acht vorliegenden Briefe wich schnell einer herben Enttäuschung: kein einziges Angebot war brauchbar. Keiner der Absender kam als Partner in Frage. Die Aktion war ein Flop.

Von diesem Scherbenhaufen keineswegs entmutigt, betätigte sich der Exportchef jetzt als Marktforscher: er ging auf die Straße. Die Analyse sekundärstatistischer Daten war eine Sache, das Erkunden des Marktes mit eigenen Augen jedoch eine andere. Zwei Tage lang wurden die einschlägigen Geschäfte in Sydney systematisch analysiert: Schreibwarengeschäfte, Kauf-

häuser, Supermärkte, Zeitungskioske. „Haben Sie einen Klebstoff?" — „Wer kauft diese Klebstoffe?" — „Von wem werden Sie beliefert?" ...
Die Konkurrenzanalyse beschränkte sich auf zwei große lokale Marken, die sich den Markt etwa gleichermaßen aufteilten. Die Produkte waren pasteuseartige Flüssigklebstoffe, die in Europa nicht mehr im Handel, also etwas rückständig waren. Australien war ein durchaus unterentwickelter Markt. Ein ermutigendes Ergebnis.
Wer konnte an den Erzeugnissen von UHU überhaupt Interesse haben? Sicher nicht diese lokalen Hersteller. Es mußten Firmen sein, die ihre Produkte über die gleichen Kanäle distribuierten und nicht die Wettbewerber im Programm hatten. Produkte, die in den analysierten Kanälen immer wieder auftauchten, waren z. B. Batterien, Schreibgeräte oder Feuerzeuge. BIC schien eine erfolgreiche Firma in diesem Markt zu sein.

UHU war so gut wie unbekannt. Höchstens deutschen Einwanderern aus jüngerer Zeit war die Marke ein Begriff, doch dieses Marktsegment lohnte den Markteinstieg nicht.

Nach 2 Tagen ergab sich eine kleine Liste von Distributeuren, die sehr aktiv waren, teilweise selbst produzierten und verschiedene Produkte am Markt hatten. Dabei stellte sich heraus, daß die Zentralen dieser Unternehmen nicht in Sydney, sondern im 800 km entfernten Melbourne waren, wo sich im Bereich der Konsumgüter das Wirtschaftsleben hauptsächlich abspielt. Dort führte der UHU-Exportleiter einige Gespräche.

Bereits das erste Gespräch verlief sehr ermutigend. Wer bei australischen Geschäftspartnern die richtige Ansprache findet, wird schnell auf eine große Bereitschaft zur Hilfestellung und Unterstützung stoßen. Dieses ist wohl ein Teil des Pioniergeistes der australischen Einwanderer, für die es selbstverständlich ist, sich gegenseitig zu helfen. Dabei ist es keine Schande, die eigene Hilflosigkeit zuzugeben. Im Gegenteil, es wird auf Anhieb sympathisch gefunden. Selbst wenn die Gesprächspartner nicht interessiert waren, nannten sie dem deutschen Gast Referenzfirmen mit möglichem Interesse, auch wenn diese Firmen zum größten Teil mit der eigenen in Konkurrenz standen.

Der Wunschpartner war der Importeur mit der größten Marktabdeckung. Er fand es interessant und lustig, mal einen anderen, modernen Klebstoff auszuprobieren, der auf dem Markt durchaus eine Chance hatte, und erklärte sich spontan bereit, einen Versuch mit UHU zu wagen. Für diese Bereitschaft waren vor allem zwei Gründe entscheidend gewesen:
1. Das Markenbild von UHU. Die Gestaltung durch die Farben gelb/ schwarz hat eine hohe Signalwirkung, die einen Händler unmittelbar

überzeugt. Er denkt dabei vor allem aus Sicht des Endverbrauchers an die Wirkung im Regal. Die gesamte Palette der UHU-Klebstoffe und ihr farbenprächtiges Bild konnten sich von den im Markt befindlichen Produkten deutlich abheben. Der Zeitpunkt für einen Martkeintritt war günstig.

2. Das persönliche Gespräch. Keine noch so gute Korrespondenz kann den persönlichen Kontakt ersetzen. Nur in der direkten Kommunikation ist es möglich, Vertrauen zu schaffen. Export vom Schreibtisch aus ist unmöglich.

4 Maßnahmen zum Markteinstieg

UHU verfolgte in Australien die Strategie der kleinen Schritte. Sehr früh wurde damit angefangen, die Ware intensiv zu bemustern, d. h. in attraktiven Marktsegmenten mit kostenlosen Proben das Interesse an UHU zu wecken. Dazu setzte der Importeur Propagandistinnen ein, die in den Schulen unter anderem auch kleine UHU-Tuben verteilten.

Geographisch war zunächst eine Konzentration auf den Südosten des Landes anzuraten. Allein in Sydney, Melbourne, Brisbane und Adelaide wohnen über 50 % der Landesbevölkerung, deren Struktur also überwiegend städtisch ist. Diese geographische und segment-spezifische Konzentration vereinfachte das Marketing beträchtlich. Eine flächendeckende Distribution war zunächst nicht sinnvoll.

Darüber hinaus hatte UHU etwa Neues im Köcher: den Klebestift, der in Australien völlig unbekannt war. Er war konkurrenzlos und hatte keinen der Nachteile der herkömmlichen Flüssigklebstoffe: kein Kleckern und Tropfen, kein Wellen des Papiers, dafür schnelles Trocknen und sauberes Kleben. Australien war für Flüssigklebstoffe kein Markt, der mit Deutschland und den angrenzenden Ländern verglichen werden konnte. Das „Bastelbewußtsein" war in Australien nicht sehr ausgeprägt. Mit dem Klebestift gelang es jedoch, vor allem Kinder für das Kleben zu begeistern.

Dementsprechend waren die Verkaufszahlen im ersten Jahr ermutigend, aber nicht überwältigend. Bis die Reaktionen des Marktes nach der ersten Lieferung von 30 000 DM bekannt waren, vergingen viele Monate.

Nach 8 Monaten flog der Exportleiter wieder nach Australien, um die Kontakte zu vertiefen und die Situation vor Ort zu erfahren. Kontinuität in den persönlichen Beziehungen im Auslandsgeschäft war und ist heute noch erklärte Firmenpolitik bei UHU. Mit einem Vertriebspartner in einem geographisch so weit entfernten Markt einen Vertrag abzuschließen und ihn dann nur noch aus der Distanz zu beliefern, kommt einem programmierten Mißerfolg gleich. Es kommt darauf an, den Partner bei seinen Aktivitäten zu unterstützen und ihm Hilfestellung zu leisten, wo er alleine nicht zurechtkommt.

Marktsegment 1: Die Kinder

Es war selbstverständlich, daß UHU das Displaymaterial zur Verfügung stellte, das in den Geschäften die Aufmerksamkeit der Kinder erregen sollte. Zusätzlich wurde ein Fernsehspot eingesetzt, der über einen längeren Zeitraum im lokalen Kinderprogramm gezeigt wurde und mit 60 Sekunden Länge auch Wirkung zeigte. Im Hinblick auf die verkauften Produkte war Fernsehwerbung auf Dauer allerdings zu aufwendig.

Den größten Erfolg hatten jedoch die Promotion-Aktionen, weil sie die Benutzer der Produkte am direktesten ansprachen. Die erste Aktion war der UHU-ZOO, ein Wettbewerb, bei dem die Kinder auf einem Stück Pappe eine Reihe von Tieren ohne Schwänze vorfanden, die sich alle in einer Ecke des Blattes befanden. Diese Schwänze waren auszuschneiden und an die richtigen Tiere zu kleben. Zusätzlich war ein Klebestift aufgemalt, der in den richtigen Farben koloriert werden mußte. Das Ergebnis konnte eingeschickt werden.

Als Preise waren Briefmarkenalben ausgesetzt mit einem Satz Briefmarken, auf denen Vögel zu sehen waren, einer davon natürlich ein Uhu. Das Problem war aber, daß der Uhu in englisch ganz anders heißt, nämlich eagle-owl, und dieser Name eignete sich ganz und gar nicht für dieses berühmte Markenprodukt. Deshalb wurde auch gleich erklärt, daß dieser Vogel in deutsch eben Uhu heißt usw.

In einer zweiten Runde ging es dann darum, Fragen zum Thema Uhu zu beantworten: Was bedeuten die drei Buchstaben UHU? Woher stammt der Name? usw. . . Durch diese Aktionen gelang es, den UHU-Klebstoff bekannt zu machen, die kleinen Verbraucher an das Produkt zu binden und ihnen gleichzeitig das Erlebnis zu vermitteln, daß Kleben Spaß macht. In den Folgejahren wurden regelmäßig solche Wettbewerbe veranstaltet, die alle in Deutschland vorbereitet und dem australischen Partner zur Verfügung gestellt wurden. Er war dann für die Durchführung verantwortlich. Bei den ebenfalls regelmäßigen Besuchen wurden die jeweils neuen Pläne geschmiedet.

Diese gemeinsamen Aktivitäten und die damit verbundenen Erfolge führten schnell zu einer persönlichen Beziehung zwischen den so weit voneinander entfernten Partnern.

Marktsegment 2: Das Büro

Nachdem der australische Importeur erkannt hatte, wie erfolgreich die UHU-Serie in Australien war, begann er, das Marktsegment Bürobedarf systematisch zu bearbeiten. Alle Großverbraucher wie Banken, Behörden, Großunternehmen wurden durch die Reisenden regelmäßig besucht und die Einkäufer mit den neuen Produkten und ihren Vorteilen vertraut gemacht.

Diese Aktionen wurden stets durch kleine Promotions unterstützt, bei denen produktbezogene Preise ausgesetzt waren. Ein besonderer Gag war eine gelb/schwarze Thermoskanne in der Form eines überdimensionalen UHU-Klebestifts, die beim Büropersonal in kurzer Zeit große Sympathie gewann und dadurch zu einer starken Markenbindung führte. Der Klebestift war in diesem Marktsegment der große Renner, weil er als erster Klebstoff überhaupt ein sauberes Kleben ermöglichte.

Getreu diesem Konzept wurden die Aktionen durch regelmäßige Werbespots im Fernsehen, die sich mal an die Kinder („don't say glue, say YOO-HOO") mal an das Büropersonal wandten („works like al lipstick"). Es ging darum, ein „convenience product" zu emotionalisieren, und das gelang UHU in Australien in beispielhafter Weise.

Immer wieder konnte es in den folgenden Jahren erreicht werden, durch persönlichen Einsatz und kreative Ideen Wohlwollen und Sympathie zu erzeugen. Eine dieser Ideen war der Eulenteller, ein Porzellanteller mit einem besonders geschmackvollen Uhu auf der Innenfläche. Dieser Teller wurde zu Weihnachten an etwa 300 wichtige Kunden (Großhändler, Fachhändler und Einkäufer von Großunternehmen) und die Reisenden des Importeurs in Australien verschickt, die häufig begeistert reagierten und dem Eulenteller einen Ehrenplatz im Büro einräumten. Eine Aufmerksamkeit, die Stimmung vermittelte und zu einer emotionalen Bindung mit dem Produkt UHU führten.

5 Der langfristige Erfolg

Heute hat das UHU-Programm in Australien einen Umsatz von jährlich etwa 2 Mio. DM. Verglichen mit den 30 000 DM im ersten Jahr 1973 entspricht diese Entwicklung einer durchschnittlichen jährlichen Steigerungsrate von etwa 30 %, eine vorzeigbare Erfolgsbilanz. Wie ist dieser erstaunliche Zuwachs zu erklären?

Aus heutiger Sicht sind vor allem zwei Gründe maßgebend:
1. Eine konsequenze, systematische Marktbearbeitung mit einem hohen Maß an persönlicher Kontinuität. Zwar hat UHU inzwischen den Im-

porteur gewechselt, diesen Wechsel aber mit Einverständnis und sogar mit Unterstützung des bisherigen Partners vollzogen. Das regelmäßige Erscheinen vor Ort, verbunden mit einer adäquaten Form der persönlichen Betreuung ist ein wichtiger Schlüssel zum Erfolg im Auslandsgeschäft.

2. Die Darbietung der Marke und ihre neuen Anwendungsmöglichkeiten führten zu einer Ausweitung des Marktes. In den Büros ersetzte der Klebestift immer mehr die Büroklammer, dekoratives Kleben war spontan möglich und erforderte nicht mehr langes Hantieren mit Tuben oder Pinseln. Kleben wurde zum Erlebnis, das Spaß macht.

Heute bereist das kleine Export-Team der UHU GmbH regelmäßig 25 Kern-Länder, in denen das Geschäft mit den Klebstoffen besonders intensiv betrieben wird. Es gehört zum Erfolgskonzept, daß der Exportleiter als primus inter pares selbst eine Länderverantwortung übernimmt, sich also gleichzeitig auch als Länderreferent betätigt. Diese Organisationsform ermöglicht eine schnellere und bessere Kommunikation, der Austausch von Ideen ist reibungsloser. Die Mitarbeiter müssen ihrem Vorgesetzten ihre Ideen nicht „verkaufen", er versteht sofort was gemeint ist und kann „aus der Praxis" darüber diskutieren.

Effektives Arbeiten ist im UHU Export-Team eine Selbstverständlichkeit. Dazu gehört vor allem eine überlegte Planung der Reiseaktivitäten. Alle Reisen werden systematisch von langer Hand vorbereitet, der Nutzen einer Reise muß vorher feststehen und formuliert sein. Dazu hilft ein Besuchsbericht, der den Lesern zur Nachahmung empfohlen sei:

Schema für Besuchsberichte
1. Land
   1.1 Konjunktur allgemein
   1.2 Konjunktur spezifisch
   1.3 Inflations-Rate
   1.4 Wechselkurs
   1.5 Importrestriktionen
2. Geschäftspartner
   2.1 Management
   2.2 Zahl der Reisenden
   2.3 Umsatzanteil Großhandel und Einzelhandel
   2.4 Gesamt-Umsatz des Agenten
   2.5 Anteil der eigenen Marke am Gesamtumsatz
   2.6 Vertretungen bzw. Eigenmarken (Reihenfolge nach Bedeutung)
   2.7 Abdeckung des Marktes nach Absatzkanälen

3. Umsatz-Entwicklung (in TDM)
   3.1 Letzte zwei Jahre mit Abweichung in %
   3.2 Budget laufendes Jahr
   3.3 Letzte Umsatzschätzung
   3.4 Umsatz kumuliert zum Zeitpunkt der Reise
   3.5 Schätzung per Jahresende mit Begründung bei Abweichung gegenüber Budget bzw. letzter Umsatzsschätzung
4. Preisstruktur/Kalkulation
5. Aktivitäten
   5.1 Media
   5.2 Handel
   5.3 Verbraucher
   5.4 Vertriebsmannschaft (Incentives usw.)
6. Aktivitäten der Konkurrenz
7. Veränderungen im Markt
   7.1 Eigene Preise
   7.2 Konkurrenz-Preise
   7.3 sonstige Veränderungen
8. Schwachpunkte der eigenen Marke
9. Storechecks
   Allgemeine Beurteilung der Distribution/Bevorratung der eigenen Marke sowie der Konkurrenz
10. Beurteilung des Agenten
11. Sonstiges (Neueinführung der Konkurrenz usw.)

Effektives Reisen bedeutet beim UHU Export-Team auch effektives Fliegen. Durch frühzeitiges Planen der Reiserouten ist es möglich, Sammeltikkets zu kaufen, die z. B. nicht nur Frankfurt — Bangkok — Hongkong — Frankfurt beinhalten, sondern weiterführen nach Kanada — USA — Frankfurt — Djakarta — Melbourne — Frankfurt. Durch pfiffige Planung gelingt es den Mitarbeitern regelmäßig, durch diese Tickets die Hotelkosten auf den Reisen wieder wettzumachen. Bei gleichem Budget werden mehr Reisen möglich, was letztlich dem Kundenkontakt zugute kommt.

Autorenverzeichnis

Stefan Busch war Product Manager für das cosmed-Programm der BEIERSDORF AG, Hamburg in Fernost/Australien und hat heute die Verantwortung für die Marke Hansaplast in Europa, Nord-Amerika, Japan und Australien.

Jörg Fuß ist Professor für Marketing und Auslandsmarketing an der Export-Akademie Baden-Württemberg in Reutlingen. Der promovierte Diplom-Physiker war für das Institut Dr. Förster, ein Technologie-Unternehmen, lange Jahre im Auslandsgeschäft tätig, unter anderem in der VR China.

Werner Kaz ist bei den HERION-Werken in Fellbach bei Stuttgart für Lizenzen und internationale Kooperationen verantwortlich.

Hans-Joachim Kreul ist Geschäftsführer der KREUL FEINE HOLZBLASINSTRUMENTE GmbH in Tübingen.

Dieter Meinecke ist Prokurist bei der DÜRR GmbH in Stuttgart.

Hermann Schaufler ist heute der Minister für Wirtschaft, Mittelstand und Technologie des Landes Baden-Württemberg. Nach dem Studium der Rechtswissenschaften und Wirtschaftswissenschaften war er lange Jahre als Rechtsanwalt und Unternehmensberater tätig. 1988 war er parlamentarischer Staatssekretär im obigen Ministerium. Seit 1981 ist er Lehrbeauftragter an der Fachhochschule für Technik und Wirtschaft Reutlingen, Fachbereich Außenwirtschaft.

Benno P. Schlipf ist als Prokurist und Hauptabteilungsleiter bei der BIZERBA-Unternehmensgruppe für das Marketing tätig.

Hans-Jörg Schnitzer, Dipl.-Kfm., ist geschäftsführender Gesellschafter der FRIEDRICH KOLB GmbH & Co. KG, Stuttgart und der Fairmont Arcadia Inc., New York. Er ist Präsident der German-Thai Foundation, Sitz Stuttgart und Bangkok.

Dieter Zweigle, Dipl.-Ing., ist der Geschäftsführer der ZWEIGLE GmbH & Co. KG in Reutlingen.

Fachbuch Export Akademie

Sie wollen Ihr Auslandsgeschäft aktivieren?
Wir geben Ihnen die nötige Sicherheit.

  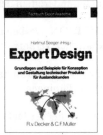 

Von Wolfgang F. Robinow. Mit Beiträgen von K. H. Oetzer, C. Heuchemer, G. M. Rehm, E. Tannenbaum, St. Tiessen. 1987. XII, 128 Seiten. Kartoniert. DM 34,–. ISBN 3-8226-3487-1

Von Prof. Dr. Jörg Fuß, Dr. Willy Meyer, Prof. Dr. Horst Stern. Ein Wegweiser für Klein- und Mittelbetriebe. 1989. XII, 208 Seiten. Kartoniert. DM 48,–. ISBN 3-8226-0189-6

Von Prof. Dr. Hartmut Seeger. Mit Beiträgen von R. Atkinson, F. Kranert und U. Müller-Boysen. 1989. XIV, 300 Seiten. Kartoniert. DM 78,–. ISBN 3-8226-0589-1

Von Prof. Dr. Gerhard Reitz – neue und erprobte Formen –. 1989. X, 75 Seiten. Kartoniert. DM 24,–. ISBN 3-8226-0289-2

Die Export-Akademie Baden-Württemberg wurde 1984 von der Landesregierung Baden-Württemberg gegründet mit der Zielsetzung, vor allem kleine und mittlere Unternehmen bei Fragen und Problemen der Fort- und Weiterbildung für das Auslandsgeschäft zu beraten und zu unterstützen. Die beiden Abteilungen der Export-Akademie, nämlich das „Aufbaustudium Internationales Marketing" und „Fortbildung: Seminare für die exportierende Wirtschaft (SEFEX)", nehmen diese Aufgaben wahr.

Die „Unternehmensphilosophie" der Export-Akademie war von Anbeginn an, spezifische Probleme des Auslandsgeschäfts wie Länderanalysen, Organisation und Technik des Exports, Internationales Marketing, Projektmanagement im Ausland usw. nur mit Unterstützung von Experten aus der Praxis zu bearbeiten. Weit über 100 Experten sind daher als Lehrbeauftragte der Export-Akademie tätig.

Damit sich Techniker, Kaufleute, Juristen, Sprachler und andere Experten zum Thema „Auslandsgeschäft" auch außerhalb der Seminare und Lehrveranstaltungen umfassend und sachgerecht informieren können, wurden die für das Auslandsgeschäft wichtigen Themenbereiche praxisnah aufbereitet und als Buchreihe veröffentlicht.

Decker & Müller
Hüthig Verlagsgemeinschaft Decker & Müller GmbH
Im Weiher 10 · 6900 Heidelberg 1 · Telefon 06221/489-267

Joachim Quittnat

Das Recht der Außenhandelskaufverträge

Internationales Privatrecht, deutsches Sachrecht und Vertragsgestaltung.

Von Prof. Dr. Joachim Quittnat. 1988. XX, 229 Seiten. Kartoniert. DM 38,-. ISBN 3-7685-0588-X

Das Werk befaßt sich mit den vielfältigen Rechtsfragen, die bei Vertragsverhandlungen mit ausländischen Geschäftspartnern zu klären sind: Welche Rechtsvorschriften aus welcher Rechtsordnung sind zu beachten? In welchen Punkten können die Vertragspartner freie Vereinbarungen treffen? Welche Fragen müssen in jedem Fall geklärt werden?

Im ersten Abschnitt wird erläutert, wie der internationale Bezug des Vertrages zu einem Geltungskonflikt mehrerer Rechtsordnungen führt und wie dieser Konflikt durch die Vorschriften des Internationalen Privatrechts gelöst wird. Der zweite Abschnitt beschreibt die Rechtsgrundlagen des Vertrages im einzelnen. Der Hauptteil des Buches behandelt die inhaltliche Gestaltung des Kaufvertrages mit ausländischen Partnern. Dabei spannt sich der Bogen der behandelten Fragen vom Zustandekommen des Vertrages, den Zahlungs- und Lieferbedingungen bis zur Regelung von Vertragsstörungen und Vertragserfüllung. Der vierte Abschnitt beschäftigt sich schließlich mit dem Problem der Durchsetzung von Ansprüchen im grenzüberschreitenden Geschäftsverkehr. Ergänzende kurze Hinweise auf das deutsche Recht für Binnengeschäfte sollen auch dem Studenten die speziellen Regeln für Auslandskaufverträge sicherer erfaßbar machen. Dem Praktiker des Außenhandelsgeschäfts dienen zahlreiche Beispiele zur Rechtsanwendung und Vertragsformulierung.

R.v. Decker's Verlag, G. Schenck
Im Weiher 10 · Postfach 10 26 40 · 6900 Heidelberg 1

Hocke/Berwald/Maurer

Außenwirtschaftsrecht

Gesetze, Verordnungen und Erlasse zum Außenwirtschaftsrecht. Mit Kommentar

Bearbeitet von Siegfried Berwald, Regierungsdirektor im Bundesamt für die gewerbliche Wirtschaft, Heinz Dieter Maurer, Bundesbankdirektor, und Günther Görtz, Bundesbankdirektor. Loseblattwerk in 2 PVC-Ordnern. Ca. 2100 Seiten. DM 168,–. Seitenpreis der Ergänzungslieferungen DM 0,40. ISBN 3-7685-5577-1

Das Werk, das durch zwei bis drei Ergänzungslieferungen pro Jahr stets auf dem neuesten Stand gehalten wird, enthält den Wortlaut des Außenwirtschaftsgesetzes und der Außenwirtschaftsverordnung. Im Anschluß daran folgt jeweils eine ausführliche Kommentierung. Weiterhin sind alle damit zusammenhängenden Gesetze und EG-Verordnungen sowie die entsprechenden Erlasse, Richtlinien und Erläuterungen der Bundesministerien für Wirtschaft und Finanzen, der Deutschen Bundesbank und sonstiger Stellen enthalten.

Die Sammlung zeichnet sich durch eine übersichtliche Gliederung aus, sie ermöglicht das schnelle Auffinden klärungsbedürftiger Punkte. Als besonders wertvoll für den Praktiker hat sich die Wiedergabe von Formularen des Außenwirtschaftsverkehrs erwiesen.

R. v. Decker's Verlag, G. Schenck
Im Weiher 10 · Postfach 10 26 40 · 6900 Heidelberg 1